Die Schenkung Leidner

Norditalienische Malerei des 17. Jahrhunderts

AF551288

In Memoriam

Erich Schleier

Mary Newcome Schleier

DIE SCHENKUNG LEIDNER

Norditalienische Malerei des 17. Jahrhunderts

MICHAEL IMHOF VERLAG

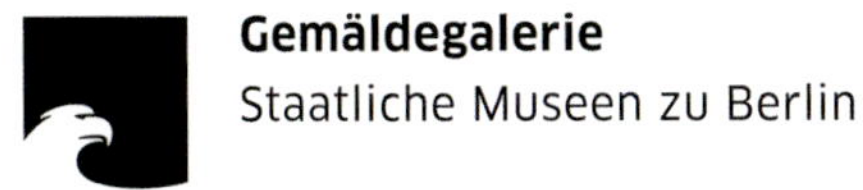

KATALOG zur AUSSTELLUNG
Die Schenkung Leidner.
Norditalienische Malerei des 17. Jahrhunderts

vom 18. April bis 28. Juli 2024
in der Gemäldegalerie – Staatliche Museen zu Berlin
(Reihe: Bilder im Blickpunkt)

IMPRESSUM

HERAUSGEBER
Gemäldegalerie – Staatliche Museen zu Berlin

AUSSTELLUNG UND KATALOG
Roberto Contini

KONSERVATORISCHE BETREUUNG
Babette Hartwieg, Lucy Jäger, Sina Krol, Anja Lindner-Michael, Bertram Lorenz, Ramona Roth, Asako Sone, Ute Stehr, Margrit Vicent, Rainer Wendler, Anja Wolf

FOTOARBEITEN
Christoph Schmidt
Fotoarchiv Gemäldegalerie

PUBLIKATIONSMANAGEMENT UND -KOORDINATION FÜR DIE MUSEEN
Sigrid Wollmeiner, Svenja Lilly Kempf

GESTALTUNG UND REPRODUKTION
Vicki Schirdewahn, Michael Imhof Verlag

DRUCK
Gutenberg Beuys Feindruckerei, Langenhagen

ÜBERSETZUNG AUS DEM ITALIENISCHEN
Sieglinde Cora (Texte Roberto Contini)

LEKTORAT
Friedegund Freitag, Michael Imhof Verlag

AUTOREN DER KATALOGBEITRÄGE
Roberto Contini, Bernd Lindemann

Die Deutsche Nationalbibliothek verzeichnet diese Publikation in der Deutschen Nationalbibliographie; detaillierte bibliographische Daten sind im Internet über http://dnb.d-nb.de abrufbar.

© 2024
Staatliche Museen zu Berlin – Preußischer Kulturbesitz

www.smb.museum

© 2024
Michael Imhof Verlag GmbH & Co. KG
Stettiner Str. 25 | D-36100 Petersberg
Tel. 0661/2919166-0 | Fax 0661/2919166-9
info@imhof-verlag.de | www.imhof-verlag.de

Alle Rechte vorbehalten

ISBN 978-3-7319-1399-3

Printed in EU

AUSSTELLUNG

KURATOR
Roberto Contini

AUSSTELLUNGSSEKRETARIAT/ REGISTRAR
Julie Rowlins

AUSSTELLUNGSAUFBAU
Johann Zehentmaier, Laurence Brugger, Agnes Zsiros

MUSEUMSPÄDAGOGISCHE BETREUUNG
Ines Bellin

ABBILDUNGSNACHWEIS

Berlin, Staatliche Museen, Gemäldegalerie (Foto: Jörg P. Anders) Essay: Abb. 6, 7;
Berlin, Staatliche Museen, Gemäldegalerie (Foto: Dietmar Gunne, Berlin) Essay: Abb. 8.
Berlin, Staatliche Museen, Gemäldegalerie (Fotoarchiv)
(Foto: G. Schwarz, Berlin) Essay: Abb. 1, 2, 4, 5, 11;
Berlin, Staatliche Museen, Gemäldegalerie (Foto: Christoph Schmidt) Essay: Abb. 9; Kat. 1, 2, 3, 4, 5, 7, 8, 9; Vergleichsabbildungen: Kat. 5 Abb. 1;
Berlin, Staatliche Museen, Gemäldegalerie (Bertram Lorenz) S. 11 Kat. 2; Vergleichsabbildungen: Kat. 1 Abb. 2; Kat. 3 Abb. 3; Kat. 7 Abb. 4;
Kassel, Hessen Kassel Heritage (Foto: Ute Brunzel) Essay: Abb. 10;
Kopenhagen, Statens Museum for Kunst (zur freien Nutzung) Vergleichsabbildungen: Kat. 9 Abb. 1–2.

Alle übrigen Aufnahmen wurden von den Autoren zur Verfügung gestellt.

UMSCHLAGABBILDUNGEN
Daniele Crespi, *Tobias heilt seinen Vater* [Detail] Vorderseite; Antonio Zanchi, *Samson und Delilah,* Rückseite. Berlin, Staatliche Museen, Gemäldegalerie – Dauerleihgaben Günter Leidner

INHALT

VORWORT

Die Bestände der Berliner Gemäldegalerie sind im Bereich der italienischen Malerei des 17. Jahrhunderts, besonders der norditalienischen, eher als klein zu bezeichnen. Die großzügige Schenkung dreier, zunächst als Dauerleihgabe an die Galerie gegebener Gemälde seitens des begeisterten Sammlers Dr. Günter Leidner aus Ludwigsburg trägt erheblich dazu bei, hier eine Lücke zu schließen. Für sein bemerkenswertes mäzenatisches Engagement sind wir Herrn Leidner zutiefst verbunden. In der Kabinettausstellung, die der vorliegende Band begleitet, werden die geschenkten Werke von Antonio Zanchi, Cristoforo Savolini und Daniele Crespi gemeinsam mit norditalienischen Werken der Gemäldegalerie der Öffentlichkeit präsentiert.
Die eindrückliche Darstellung von *Samson und Delilah* Antonio Zanchis, der der venezianischen Schule angehört, schmückte bereits zeitweise als Supraporte den Raum der Gemäldegalerie zum venezianischen 18. Jahrhundert. Wunderbar ergänzt die große Leinwand die Gemälde des venezianischen Spätbarocks in der Galerie. Obgleich Letztere nicht sehr zahlreich sind, weisen sie doch häufig eine hohe Qualität auf, wie etwa Pietro Liberis *Diana und Aktaion* oder *Apollos Musikwettstreit* von Johann Carl Loth eindrücklich bezeugen. Im Rahmen der Kabinettausstellung wird letzteres Werk nach langer Abwesenheit erstmals wieder in der Galerie gezeigt.
Wohl von Cristoforo Savolini aus Cesena stammt die Darstellung der Selbstmörderin *Lukretia*. Das Gemälde ergänzt die Bestände im Bereich der Emilianischen Schule und schließt stilistisch an die Werke der Schule Guercinos in der Romagna an. Zu dieser gehört auch Guido Cagnacci, von dem Savolini stark geprägt wurde.
Auch der dritte Neuzugang, die Darstellung *Der junge Tobias heilt seinen Vater* des Malers Daniele Crespi, stellt eine große Bereicherung für die Gemäldegalerie dar. Denn die Maler der Lombardischen Schule des 17. Jahrhunderts waren bislang einzig mit einem qualitätvollen Werk Francesco Cairos, dem *Traum des heiligen Joseph*, vertreten. Crespi zählte zu den Schülern Ceranos und Giulio Cesare Procaccinis, verstarb aber früh, sodass seine Werke selten sind.
Neben den drei Gemälden aus der Sammlung Leidner und den bereits genannten Werken von Loth und Cairo werden in der Ausstellung *Die Verstoßung der Hagar durch Abraham* aus der Venezianischen Schule des späten 17. Jahrhunderts aus Privatbesitz sowie drei weitere Werke der Gemäldegalerie gezeigt. Bei Letzteren handelt es sich um Werke, die zuvor im Depot aufbewahrt wurden: *Die büßende Magdalena* des Genuesers Giovanni Andrea De Ferrari, ein *Johannisknabe* aus dem Umkreis des berühmten Cerano (eigentlich Giovanni Battista Crespi) und ein kleinformatiges Werk mit *Polyphem und Galathea*, das dem aus Vicenza stammenden, besonders in den Marken tätigen Pasqualino Rossi zugeschrieben werden kann.
Für die mit italienischer Leidenschaft betriebene Konzeption und Umsetzung der besonderen Ausstellung und die Publikation des vorliegenden Katalogs möchte ich dem langjährigen Kustos für italienische und spanische Malerei 1500–1700 und französische Malerei 1600–1700, Roberto Contini, meinen herzlichen Dank aussprechen. Mit dieser Sonderpräsentation feiert er zugleich seinen Abschied von der Gemäldegalerie, da er im Juli dieses Jahres in den Ruhestand eintreten wird. Damit verliert die Gemäldegalerie einen hervorragenden Spezialisten, der schwer zu ersetzen sein wird.
Erst möglich wurde die Ausstellung darüber hinaus durch den Einsatz der Mitarbeiter:innen der Restaurierungsabteilung der Gemäldegalerie unter Federführung ihrer Leiterin Babette Hartwieg sowie durch die Unterstützung mehrerer freiberuflich tätiger Restauratorinnen, denen ich herzlich für ihre großartige Arbeit danke. Zum Restaurator:innenteam der Gemäldegalerie, deren Mitglieder restauratorische und konservatorische Maßnahmen an den Werken vorgenommen oder diese betreut haben, gehören Sina Krol, Ramona Roth, Ute Stehr und Anja Wolf sowie die Praktikantinnen Lucie Jäger und Asako Sone. Außerdem haben Anja Lindner-Michael das Werk von Crespi und Margrit Vicent das an Zanchi zugeschriebene Werk aus Privatbesitz als Freiberuflerinnen restauriert. Großer Dank gilt zudem dem Rahmenrestaurator der Gemäldegalerie, Bertram Lorenz,

u.a. für die Restaurierung großformatiger Barockrahmen aus den Beständen des Museums, die nun die Gemälde von Zanchi (Kat. 7) und De Ferrari (Kat. 1) veredeln. Auch danke ich dem ehemaligen Rahmenrestaurator Rainer Wendler für seine Unterstützung in einer früheren Phase des Projekts.

Unser ausgezeichneter Dank gilt zuvorderst dem großzügigen Stifter der drei norditalienischen Werke, Günter Leidner, dessen Schenkung die Basis für die Ausstellung bildet. Darüber hinaus danke ich dem ehemaligen Direktor der Gemäldegalerie und des Bode-Museums, Bernd Lindemann, nicht nur für seinen fundierten Beitrag im Katalog, sondern auch dafür, dass er die Schenkung während der Anbahnung sowie ihre Umsetzung in den Jahren 2012/13 begleitet hat.

Neben den Genannten haben viele Mitarbeiter:innen der Gemäldegalerie, der ehemaligen Generaldirektion und der Hauptverwaltung der Stiftung Preußischer Kulturbesitz zum Gelingen des Projekts beigetragen. Dafür danke ich herzlich den Kolleg:innen der Gemäldegalerie: Ines Bellin, Laurence Brugger, Randy Fink, Lea Hagedorn, Nuria Jetter, Franziska May, Julie Rowlins, Christoph Schmidt, Johann Zehentmaier, Agnes Zsiros; den Kolleg:innen der Generaldirektion: Maren Eichhorn, Markus Farr, Fabian Fröhlich, Yvonne Geister, Svenja Lily Kempf, Mechtild Kronenberg, Sibylle Niekisch, Daniel Rosengarten, Corinna Salmen-Mies, Sigrid Wollmeiner; der Kollegin der Hauptverwaltung: Lisa Malkowski.

Auch danke ich Catarina Schmidt-Arcangeli, Volker Krahn, Justus Lange und Olaf Lemke für ihre Hilfestellung sowie Holger Stüting für die gewohnt zuverlässige Umsetzung der Ausstellungsgraphik.

Für die Aufnahme in sein Verlagsprogramm sind wir Michael Imhof zu Dank verpflichtet. Für das sorgfältige Lektorat des Katalogs sei Friedegund Freitag gedankt, für die präzise Übersetzung Sieglinde Cora und für die ansprechende Gestaltung des Katalogs Vicki Schirdewahn.

Dagmar Hirschfelder
Direktorin der Gemäldegalerie

Bernd Wolfgang Lindemann

Von Behörden, vom Schenken, von Leihgaben

Es läge nahe, in diesen Tagen mehr denn je, sich düsteren Prophezeiungen hinzugeben. Die „öffentliche Hand" wird in naher und mittelferner Zukunft weiterhin nur über sehr begrenzte Mittel verfügen; zu glauben, ein notwendiges Sparregime verschone kulturelle Einrichtungen, wäre blauäugig. Die Staatlichen Museen zu Berlin sind bereits seit Jahren, ja Jahrzehnten, hoffnungslos unterfinanziert – um dies festzustellen, müssen wir nicht einmal die Budgets eingehend studieren und hier referieren: Es reicht heute bereits ein Blick in die Tagespresse oder das Anhören von Rundfunkberichten. Gerne werden die Stiftung Preußischer Kulturbesitz und die Staatlichen Museen zu Berlin mit Institutionen wie dem Louvre oder dem Smithsonian verglichen und an diesen gemessen – die finanziellen Möglichkeiten vor allem der letztgenannten Einrichtung liegen jedoch um Klafter höher als dies in Berlin der Fall ist. Und blanker Neid macht den Blick verschwimmen, blicken wir nur auf die Liste der Erwerbungen, die allein dem Amsterdamer Rijksmuseum in den letzten Jahren möglich waren. Und wenn es nun heißt, mit der jüngsten Reform erhielten die Museen Etats zur freien Verfügung, so sei daran erinnert, dass sie solche zum Erwerb von Sammlungsobjekten bereits einmal hatten. Reichtümer waren auch das nicht; die Mittel boten aber immerhin innerhalb der gegebenen finanziellen Grenzen Entscheidungsfreiheit. Anfang der neunziger Jahre, nach der Wiedervereinigung, wurde einem Potlatsch gleich alles Geld in einen Topf geworfen, zum Nutzen der dringenden Restaurierung der in Ostberlin beheimateten Sammlungsschätze. Und was der Sektsteuer heilig, war dieser Regelung billig: Sie wurde nie geändert, gab sie doch den Generaldirektoren nicht zu unterschätzenden Einfluss auf die Erwerbungspolitik.

Die Museen in Deutschland sind in ihrer Mehrheit Behörden: Einrichtungen von Ländern oder Kommunen, vergleichbar Staats-, Landes- oder Stadttheatern. Sie seien, wie häufig zu lesen ist, „subventioniert". Das ist eine zwar weit verbreitete, aber irreführende Behauptung. Subventioniert werden Landwirtschaft, Industrie, Windparks oder Start-up-Unternehmen. Als Einrichtungen der öffentlichen Hand werden Museen durch feste Etats aus den zuständigen Haushalten finanziert – und, wie es sich für Behörden gehört, in aller Regel eher kärglich als fürstlich. Als der Verfasser dieser Zeilen einmal gefragt wurde, wie denn der Businessplan der Gemäldegalerie aussehe, wurde ihm klar, dass selbst dem Haus nahestehende Persönlichkeiten phantasievolle Vorstellungen von den Verhältnissen haben können.

Apropos fürstlich: Die Staatlichen Museen zu Berlin sind in ihrer Mehrheit in der Tat aus fürstlichen, seit dem frühen 18. Jahrhundert königlichen, Sammlungen hervorgegangen. Mit Mäzenatentum in der ursprünglichen Bedeutung des Worts hatte dies freilich nichts zu tun: In Berlin wie andernorts war das Engagement für die Künste und das Sammeln schöner Bilder keine selbstlose Angelegenheit, sondern absolut notwendiges Vehikel der fürstlichen Repräsentation.

Mit den Reformen des frühen 19. Jahrhunderts sollte sich dies ändern: Die königlichen Kunstschätze wurden dem Publikum geöffnet; ab Mitte des Jahrhunderts entstand die Museumsinsel als „Freistätte der Kunst und Wissenschaft“. Im Zuge dieser Entwicklung wurden die Museen jedoch auch zwangsläufig zu dem, was sie bis heute ungeachtet aller wechselnden politischen Systeme sind: Behörden. Das Zentralarchiv der Staatlichen Museen zu Berlin besitzt reihenweise Briefe des legendären Wilhelm von Bode, in denen er beim Ministerium der Geistlichen, Unterrichts- und Medizinalangelegenheiten Finanzmittel für Ankäufe erbat – mit insgesamt in aller Regel bemerkenswertem und durchaus neiderregendem Erfolg, hält man sich die beeindruckende Kollektion seiner Erwerbungen vor Augen.
Aber dennoch: Bode erkannte trotz dieser zu seiner Zeit großzügigen Bedingungen (mit denen er freilich virtuos zu spielen verstand!) die Notwendigkeit, neben die Stütze des ärarischen Geldes eine weitere Säule zu stellen, um den ihm anvertrauten Sammlungen, Skulpturensammlung und Gemäldegalerie, größeren und vor allem freieren finanziellen Spielraum zu ermöglichen. 1897 gründete sich auf seinen Impuls hin der Kaiser Friedrich Museums-Verein. Man muss dies als geradezu revolutionäre Tat würdigen: Zum ersten Mal wurde ein Freundeskreis für die Förderung wesentlicher Belange einer Behörde gegründet! Doch: In weisem Entschluss schrieb der Verein sich in die Satzung, dass die von ihm erworbenen Kunstwerke sein Eigentum bleiben sollten und nur und erst im Falle seiner Auflösung ins Eigentum der Staatlichen (damals Preußischen) Museen übergehen könnten. Jahrzehnte später führte übrigens ausgerechnet dieses Eigentumsrecht zur Heimkehr der kriegsbedingt in die Westsektoren verlagerten Museumsschätze in den Westteil Berlins: Der Verein, nach wie vor mit dem Sitz Berlin (West), führte stellvertretend und erfolgreich einen Prozess um die Heimkehr von Rembrandts *Mann mit dem Goldhelm* – und dieser hatte schließlich alle Schätze der ehemals Preußischen Sammlungen im Gefolge, weshalb schlussendlich die Stiftung Preußischer Kulturbesitz gegründet wurde, als Bund-Länder-Einrichtung, da zum einen der Preußische Staat aufgrund des alliierten Kontrollratsbeschlusses nicht mehr existierte und zum anderen der Bund damals über keine eigenen Kultureinrichtungen verfügen durfte.
Zu den ersten Mitgliedern des Kaiser Friedrich Museums-Vereins gehörten wohlhabende, auch politisch einflussreiche (Kaiser Wilhelm II.!) und, jetzt in der Tat, selbstlos-mäzenatisch denkende und handelnde Persönlichkeiten, unter ihnen, als der heute zweifellos und zurecht berühmteste, James Simon. Er finanzierte nicht nur in Ägypten die Amarna-Grabung, durch welche die Büste der Nofretete ihren Weg nach Berlin fand, er war außerdem leidenschaftlicher Kunstsammler. In dieser Eigenschaft stiftete er eine beachtenswerte Kollektion, bestehend aus Skulpturen und Gemälden vornehmlich der Renaissance, den Staatlichen Museen, mit der Auflage, diese über mehrere Jahrzehnte in einem eigenen Kabinett zu präsentieren. Dies wurde zum einen durch den Nationalsozialismus – Simon war Jude – zum anderen durch die Teilung Berlins und damit auch der Preußischen Kunstsammlungen verunmöglicht. Zudem war Simons und Bodes Anliegen, Skulptur und Malerei gemeinsam auszustellen, zunächst im westlichen Teil Berlins, und nach der Wiedervereinigung, betoniert durch den Neubau der Gemäldegalerie, für Gesamtberlin bedauerlicherweise obsolet geworden. Immerhin gelang es vor ein paar Jahren, im Bode-Museum wieder ein Kabinett einzurichten, in dem einige Schätze der Simon'schen Schenkung geschlossen präsentiert werden. (Gerne vergessen wird übrigens, dass es auch in Dahlem einen zwar vergleichsweise winzigen, aber immerhin James Simon gewidmeten Raum gegeben hatte). Das Bestreben, die Sammlung der Gemäldegalerie zurück an die Museumsinsel zu bringen und sie wieder mit den dortigen Skulpturen zum Zwecke einer gemeinsamen Präsentation zu vereinen, ist bekanntlich, und bedauerlicherweise, für die nächsten Jahrzehnte fehlgeschlagen.
Die Stiftung Preußischer Kulturbesitz war ursprünglich für die Verwaltung der Schätze des aufgelösten Staates Preußen gedacht; offenkundig lag ihren Müttern und Vätern die Frage möglicher Erwerbungen eher fern. Andererseits war ein sinnvolles Fortbestehen der ebenfalls unter dem Dach der Stiftung institutionell beheimateten Staatsbibliothek (für die bekanntlich im Westen Berlins eigens ein spektakulärer Neubau direkt an der Mauer errichtet wurde) ohne systematisches Weiterwachsen der Bestände unvorstellbar; für die Museen musste das nicht unbedingt gelten. Auch jetzt war die Rolle des Kaiser Friedrich Museums-Vereins unverzichtbar – war es doch nach wie vor sein erklärter Daseinszweck, durch Erwerbungen eine eigene Sammlung aufzubauen, die sich freilich eng an das Sammlungsprofil der beiden Museen anzuschließen hatte. Während der Amtszeit des Autors wurden für Skulpturensammlung und Gemäldegalerie mehr Werke durch den Verein erworben als durch öffentliche Mittel. In diesem Zusammenhang

müssen ausdrücklich lobend und dankbar erwähnt werden die Kulturstiftung der Länder und die Ernst von Siemens Kunststiftung, die mehr als einmal dem Verein zur Seite traten. Die Kulturstiftung der Länder wurde ja nicht zuletzt deswegen ins Leben gerufen, weil es den Museen in Deutschland angesichts knapper Mittel und der Konkurrenz finanzstarker Häuser in den Vereinigten Staaten und anderswo zunehmend schwerer fiel, ihren Sammlungsauftrag zu erfüllen.

Sehr zur Freude der beiden Museen, für Skulpturen und für Gemälde, hat der Kaiser Friedrich Museums-Verein in den vergangenen Jahren seine selbstgestellten Aufgaben erweitert. Er tritt nicht nur als Erwerber von Kunstwerken auf den Plan, sondern unterstützt darüber hinaus große Ausstellungen, etwa durch Übernahme der Kosten für zusätzliches Personal. Unternehmungen wie die Präsentation der Renaissance-Porträts im Bode-Museum oder die Botticelli-Ausstellung in der Gemäldegalerie wären ohne diese Förderung nicht möglich gewesen. Bei der Porträtausstellung war ihm insbesondere die schließlich geglückte Leihgabe von Leonardo da Vincis *Dame mit dem Hermelin* aus dem Krakauer Czartoryski-Museum ein Herzensanliegen. Kurzum: Ohne die treue Unterstützung des Kaiser Friedrich Museums-Vereins wären die beiden Häuser nur sehr eingeschränkt in der Lage, ihre Aufgaben zu erfüllen.

Im Laufe der Zeit hat sich einiges in unserem Förderverein verändert. War er zu Beginn ein zahlenmäßig durchaus überschaubarer Zusammenschluss von Honoratioren, ohne „Vereinsleben" nach landläufiger Vorstellung, so ist er inzwischen auf mehrere hundert Mitglieder angewachsen. Für diese organisiert der Verein regelmäßig Veranstaltungen: Sonderführungen durch Ausstellungen, kürzere oder längere Exkursionen, Vorträge, oder auch die sehr beliebte „Vorweihnachtliche Begegnung" – all dies mit dem Ziel, an die Welt der Kunst heranzuführen und die Bindung an die Häuser zu intensivieren. Außerdem gibt es seit einigen Jahren die „Jungen Kaiser", gegründet in der Absicht, die nachwachsende Generation mit der „alten" Kunst vertraut zu machen und den Fortbestand des Vereins zu sichern. Auch dieser Kreis hat sich bereits mäzenatisch hervorgetan, etwa durch Mittelbeschaffung für dringend notwendige neue Bilderrahmen.

Besucher der Gemäldegalerie durchqueren, nach Überwindung der schiefen Ebene vor und dem Foyer in dem Gebäude, zunächst die Eingangsrotunde: Dort an der Wand sind in ehernen Buchstaben die zahlreichen Wohltäter des Hauses notiert, Spender bedeutender Kunstwerke – eine beeindruckende Zahl, darunter Mitglieder des Kaiser Friedrich Museums-Vereins, aber nicht nur. Die Liste ist zugleich Ehrung und Ansporn, den dort Verewigten nachzueifern. Beide Häuser, Gemäldegalerie wie Skulpturensammlung, verstehen sich als systematische Kollektionen. Es fehlt *das* herausragende Meisterwerk (wie im Pariser Fall der Mona Lisa), welches zu sehen alleine schon Scharen von Touristen anreisen ließe. Unter „Businessplan"-Gesichtspunkten wäre dies zu bedauern, verschlösse jedoch die Augen für die eigentliche Qualität der Sammlungen: Sie bieten einen breiten Überblick über die bildende Kunst des Mittelalters und der Frühen Neuzeit. Besonders staunenerregend sind die Bestände der italienischen Renaissance, der Altniederländischen Malerei oder des holländischen Goldenen Zeitalters. Überraschend ist auch die Kollektion englischer Malerei des 18. Jahrhunderts, die auf dem europäischen Kontinent durchaus nicht in allen Gemäldesammlungen in vergleichbarer Qualität zu studieren ist.

Dennoch gibt es nach wie vor Lücken, geschuldet dem wechselnden Kunstgeschmack ebenso wie, möglicherweise, dem Problem der Erreichbarkeit bestimmter Werke. Zu verstärken ließen sich beispielsweise die Gemälde des holländischen Manierismus des späten 16. und frühen 17. Jahrhunderts, desgleichen die der klassizistischen Tendenzen gegen Ende des Goldenen Zeitalters. Aber auch die italienische Abteilung des Barocks, die immerhin mit Caravaggios *Amor* bereits einen absoluten Höhepunkt bietet, kann mit Werken des nördlichen Italiens weiter gewinnen. Und hier tritt Günter Leidner dankenswerterweise auf den Plan: Mit der Dauerleihgabe seiner drei Gemälde wird, wie ausführlich auf den nachfolgenden Seiten nachzulesen, dieser Bereich substantiell erweitert.

Günter Leidner hat aber nicht nur die Gemäldegalerie bedacht, sondern auch die Skulpturensammlung mit sieben Werken, welche die Epochen vom 17. Jahrhundert bis zum Klassizismus umgreifen. Außerdem kommen vier Blätter für das Kupferstichkabinett hinzu.

Leidner hat seinen Wohnsitz in Ludwigsburg, unweit von Stuttgart, im württembergischen Kernland. Es hätte, so sollte man meinen, für ihn nahegelegen, seine Schätze den ihm benachbarten Museen anzutragen: Zweifellos würden sie auch dort *bella figura* machen. Dass er sich stattdessen für die Staatlichen Museen zu Berlin entschied, darf daher mit umso nachdrücklicherem Ausdruck des Danks quittiert werden. Für die Präsentation seiner Sammlungsobjekte sind freilich die Berliner Verhältnisse optimal: Die drei Sammlungen gehören zum gleichen Museumsverband, sie sind zum Teil beheimatet unter einem gemeinsamen Dach, ihre Wissenschaftler arbeiten seit vielen Jahren kollegial miteinander.

Günter Leidners Dauerleihgaben reihen sich ein in die grandiose Tradition bürgerlichen Engagements für die Staatlichen Museen zu Berlin. Mögen viele seinem Beispiel folgen!

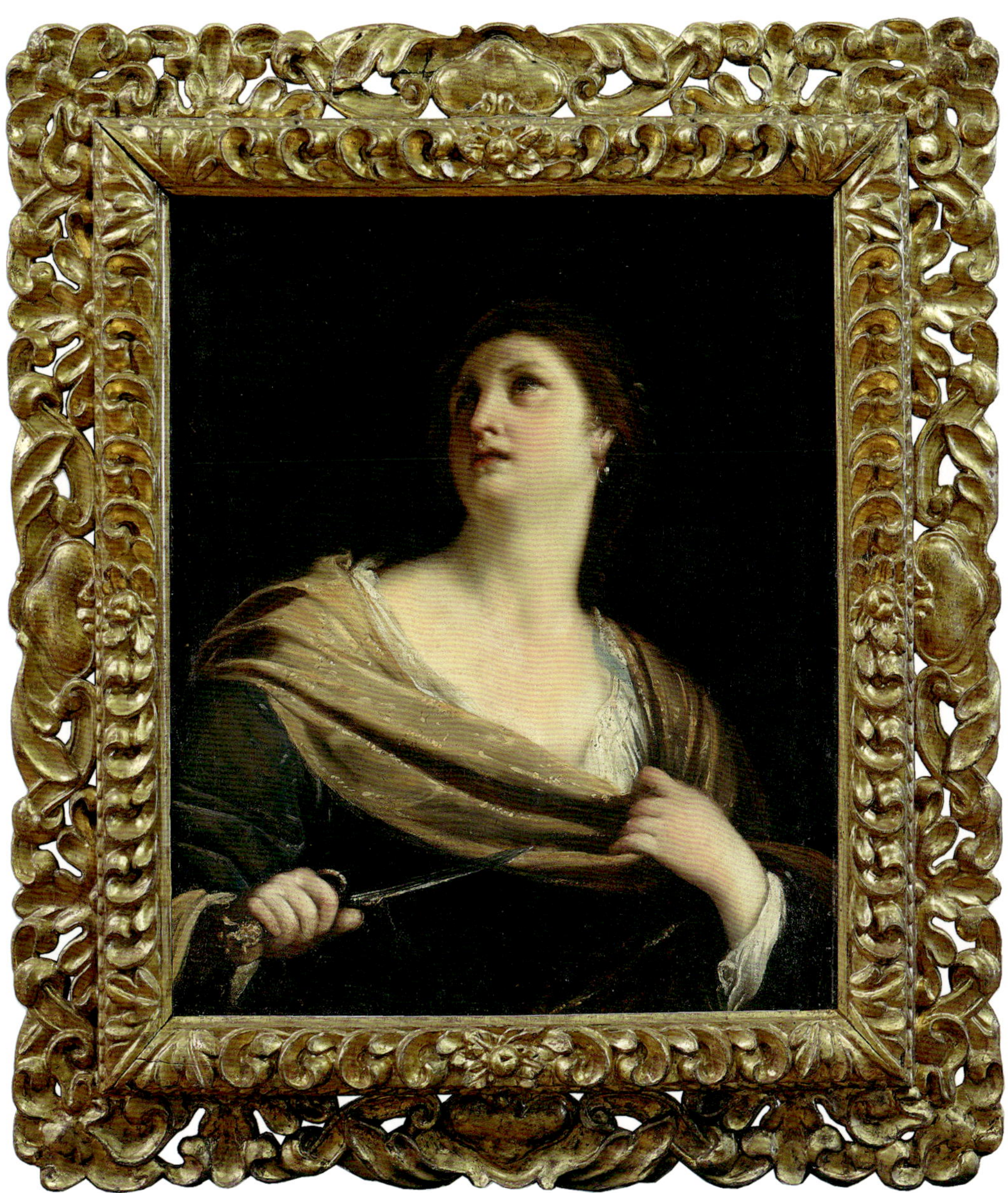

Roberto Contini

EIN GESCHENK DER VORSEHUNG

ERGÄNZUNGEN ZUM NORDITALIENISCHEN BESTAND DES 17. JAHRHUNDERTS IN DER GEMÄLDEGALERIE

Caravaggios *Amor als Sieger*, ein symbolträchtiges Werk der Gemäldegalerie, wurde zuweilen als die Spitze des Eisbergs der italienischen Gemäldesammlungen bezeichnet – dieser Ausdruck vermittelt auf anschauliche Weise, wie weit der Blick des Betrachters reichen muss, um die im Hauptgeschoss des Museums ausgestellten Werke dieser Schule überhaupt zu erfassen.

Aber was für bestimmte Bereiche gilt, wie dies ohne Zweifel für das 14., 15. und 16. Jahrhundert der Fall ist, welche dem Besucher in fast rigoroser Vollständigkeit geboten werden, trifft nicht in gleichem Maße für das 18. Jahrhundert zu, welches nur dank langfristiger Leihgaben von unbestrittenem Wert (zumindest was das Gebiet Venetiens betrifft) in den Rang einer erstklassigen Sammlung erhoben wird. Das Stiefkind in diesem Rahmen jedoch ist das unterrepräsentierte 17. Jahrhundert, das sich paradoxerweise durch herausragende Werke großer Künstler auszeichnet, gleichzeitig aber nicht systematisch angelegt wurde. Als Folge davon entstanden gravierende Grauzonen, deren teilweise Kompensation langfristig nur durch eine Politik der Ankäufe erreicht werden kann.

Eine Aufgabe, welche dieser Tage schon mühsam ist und die nicht zuletzt gegen das unzureichende Raumangebot anzukämpfen hätte. Es sei denn, die Sichtbarkeit der in der Studiengalerie im Untergeschoss ausgestellten Objekte würde wiederhergestellt – dies wäre eine vorzügliche Ergänzung zu dem bereits bemerkenswerten Museumsrundgang im Kulturforum.

Die italienische Malerei des ersten Drittels des 17. Jahrhunderts hielt erst Einzug in die Räume der Gemäldegalerie, als 1815 die 157 erhaltenen Werke aus der römischen Sammlung des Kardinals Benedetto Giustiniani und seines Bruders, des Markgrafen Vincenzo, erworben wurden. Diese genuesischen Mäzene förderten insbesondere zeitgenössische Künstler wie Caravaggio und dessen Schule, daneben Annibale Carracci und weitere Klassizisten. Das Leitmotiv, das hinter den Erwerbungen stand, die etwa zwei Jahrhunderte nach ihrer Entstehung nach Preußen gelangten, war deren Zugehörigkeit zum künstlerischen Produktionszentrum *par excellence* jener Zeit – Rom.

In der Tat wurde die Auswahl der Ankäufe auf die in Rom zwischen den Jahren 1600 und 1638 (letzteres das Jahr, in dem das Inventar der Sammlungen von Vincenzo Giustiniani verfasst wurde, und das mit dessen Tod am 27.12. 1637 beinah zusammenfällt) entstandenen Bildwerke eingeschränkt, und dies beinahe ohne Einbeziehung anderer Produktionsorte des zauberhaft polyzentrischen Gewebes der Kunsterzeugung auf der Halbinsel – darüber hinaus fielen mehrere entscheidend wichtige Objekte (drei Caravaggios, zwei Reni...) den Verwüstungen des letzten Krieges zum Opfer.

Den unglücklichen Geschmacksverirrungen in der Gemäldegalerie wurde mittlerweile zwar etwas Abhilfe geschaffen – wenigstens was die Entscheidungen angeht, die während des dem 17. weitgehend feindlich gesonnenen 19. Jahrhunderts getroffen wurden. Dennoch erweist sich ein Museum mit universalistischem Anspruch wie die Gemäldegalerie der Staatlichen Sammlungen zu Berlin bis heute, zumindest was das 17. Jahrhundert betrifft, als dem enzyklopädischen Geist abtrünnig – welcher aber wiederum in den dem 15. und 16. Jahrhundert gewidmeten Abteilungen wundervoll veranschaulicht ist.

Wiewohl die Anzahl der in Latium und Kampanien tätigen Akteure sich ansehnlich ausnimmt, kann das Gleiche nicht für die jenseits des Apennins herstammenden Künstler behauptet werden, deren Werkbestand im Vergleich auf wenige Objekte zusammenschrumpft.

Es gibt grundsätzlich zwei Wege, auf denen ein unterrepräsentierter Teil eines Museumsbestandes ergänzt werden kann: Was eingelagerte Stücke angeht, ist dies die Rettung aus der Anonymität und – wenn möglich – aus dem konservatorischen Verfall; was aber die noch nicht aufgeführten Künstler betrifft, ist dies die Tätigung von Neuerwerbungen.

Ohne die positiven Ergebnisse des ersten Weges für die Gemäldegalerie in Abrede stellen zu wollen, kann man nicht umhin, die Seltenheit des folgenden Ereignisses hervorzuheben, nämlich die Entscheidung eines schwäbischen Sammlers, einem der staatlichen Museen der deutschen Hauptstadt drei sowohl hinsichtlich des Künstlers als auch des Gegenstandes noch unbekannte Gemälde zu vermachen – von denen eines bereits entsprechend identifiziert, die beiden anderen nur allgemein klassifiziert waren.

Damit ergibt sich ein Zuwachs auf geografischer Ebene, und zwar was drei Gebiete betrifft: Venetien, die Region Norditaliens, die hinsichtlich des 17. Jahrhunderts in der Gemäldegalerie am besten vertreten ist, mit Antonio Zanchis *Samson und Delilah* (Kat. 7); die Romagna mit einem Selbstmord der *Lukretia*, möglicherweise von der Hand des aus Cesena stammenden Cristoforo Savolini (Kat. 2), einem Künstler aus dem Umkreis von Guido Cagnacci, und, *last but not least*, wäre man beinahe wegen der spärlichen Präsenz dieser Region in der Gemäldegalerie versucht zu sagen, die halb in Vergessenheit geratene Lombardei mit Daniele Crespis *Der junge Tobias heilt seinen Vater* (Kat. 4).

In der Tat war bisher nur ein einziges lombardisches Werk in der Dauerausstellung der Sammlung zu finden, und zwar der hervorragende *Traum des heiligen Joseph* von Francesco

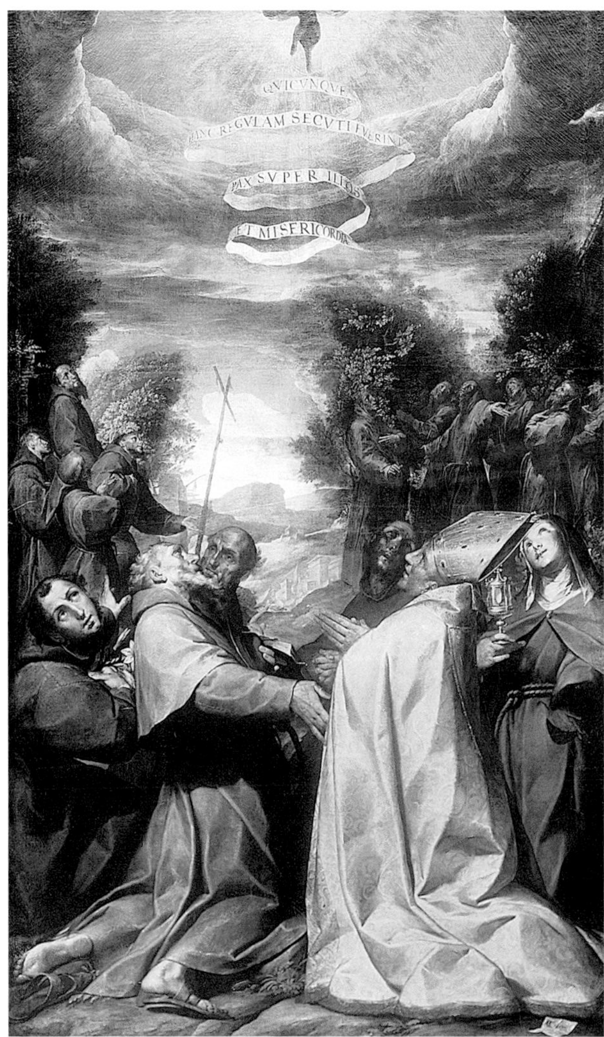

1 Il Cerano, *Gelübde der Franziskanerheiligen*. Berlin, Staatliche Museen, Gemäldegalerie (Kat. Nr. 352) (Kriegsverlust)

Cairo (Kat. 5), der aufgrund seines bescheidenen Formats eher unauffällig wirkt, aber beim Betrachter doch einen stärkeren Eindruck hinterlässt als die monumentale Leinwand von Cerano, die beim Brand im Turm des Flakbunkers Friedrichshain im Mai 1945 zerstört wurde.

Das *Gelübde der Franziskanerheiligen*, Hauptwerk dieses gegenreformatorischen Malers (**Abb. 1**), und die prächtige *Taufe Jesu* im Städelschen Kunstinstitut (jeweils mit den Jahreszahlen 1600 und 1601 versehen), profilieren sich als seine bedeutendsten Gemälde, und dies nicht nur in Deutschland, sondern generell außerhalb der Lombardei[1]. Nach der Wiedereingliederung des kleinformatigen *Heiligen Johannes* aus der Schule des Cerano (Kat. 3) haucht Leidner durch die Erwerbung des Werkes von Daniele Crespi dem

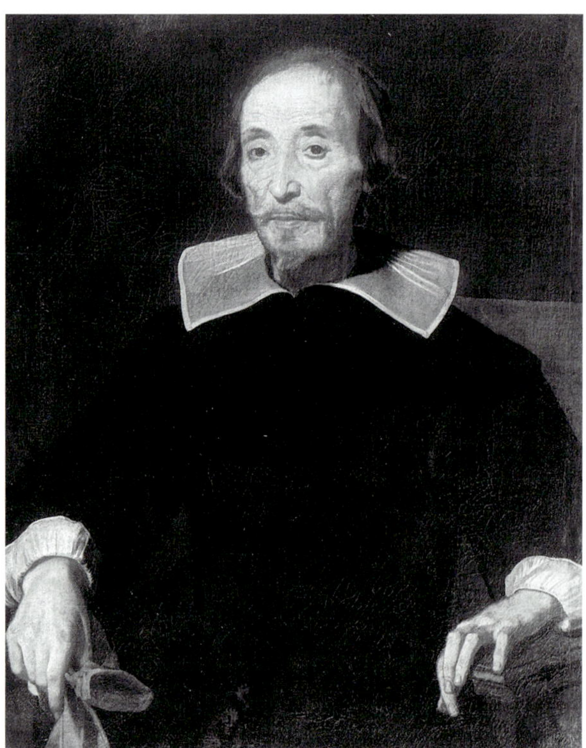

2 Daniele Crespi, *Porträt eines Adligen mit Spitzenbart*. Berlin, Staatliche Museen, Gemäldegalerie (Kat. Nr. 408 A) (Kriegsverlust)

in der Sammlung schwach repräsentierten Gebiet der Lombardei endlich neues Leben ein: Auf vorbildliche Weise geht die zahlenmäßig minimal erlangte geografische Dichte Hand in Hand mit qualitativer Würde.

Dieser Gewinn, die wichtigen Künstlern an der Wende vom 16. zum 17. Jahrhundert (wie z.B. Morazzone und Giulio Cesare Procaccini) bedauerlicherweise noch verwehrt ist, könnte man das leider ebenfalls verlorengegangene *Porträt eines Adligen mit Spitzenbart*[2] (**Abb. 2**) zuordnen, das 1860 von Baron Duboutin de Rochefort in der Villa Bellosguardo bei Florenz erworben wurde[3].

Der Stil des Bildnisses – zumindest soweit es möglich ist, dies anhand der erhaltenen fotografischen Aufnahmen zu beurteilen –, scheint weit von dem Simone Cantarinis aus Pesaro entfernt zu sein. Unter dem Banner des letzteren jedoch hatte die Leinwand in die preußische Sammlung Einzug gehalten, die Manier des Gemäldes nähert sich aber – gerade in Anbetracht der flachen, nervösen Fingerglieder und der melancholischen Physiognomie – stark der Ausdrucksweise des dank der Schenkung Günter Leidners soeben integrierten ‚verlorenen Sohnes' Daniele Crespi.

Was diese nicht verlautbarte Position der Kritik angeht – die in der Fachliteratur nie erörtert wurde, obwohl das Porträt eines alten Mannes unter Crespis Namen auf der Florentiner Ausstellung italienischer Porträts im Jahr 1911 zu sehen war[4] –, können wir nur auf die vorsichtige Behauptung der Urheberschaft (‚Daniele Crespi (?)') verweisen, die durch die fotografische Aufnahme Brogi 19014 belegt ist, sowie auf das offensichtliche Vertrauen, das Federico Zeri (Università di Bologna, „Fototeca Zeri", Karte 46832) dieser Zuschreibung entgegenbringt, und nicht zuletzt auf die in dieselbe Richtung gehende tiefe Überzeugung des hier Schreibenden.

Zwar steht fest, dass ein allein auf fotografischer Dokumentation beruhendes Urteil unzureichend ist, aber der manierierte Stil, der sich in den höchst beweglichen flachen Fingergliedern ausdrückt, die Eigenart der knapp unter den Ohren gestutzten Locken oder Wellen, die wohl das schüttere Haar kompensieren sollen, das stilisierte Barthaar und vor allem die platte Nase und die wässrigen Augen, fordern geradezu einen Vergleich mit der *Ungläubigkeit des heiligen Thomas* aus einer Privatsammlung (**Abb. 3**), und erst recht einen Vergleich zwischen jenem *Porträt eines*

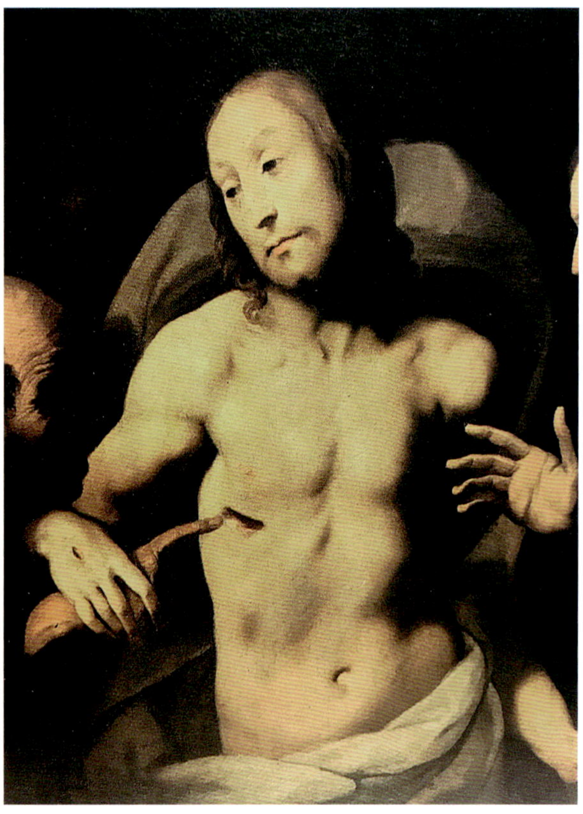

3 Daniele Crespi, *Der ungläubige Thomas* (Detail). Privatsammlung

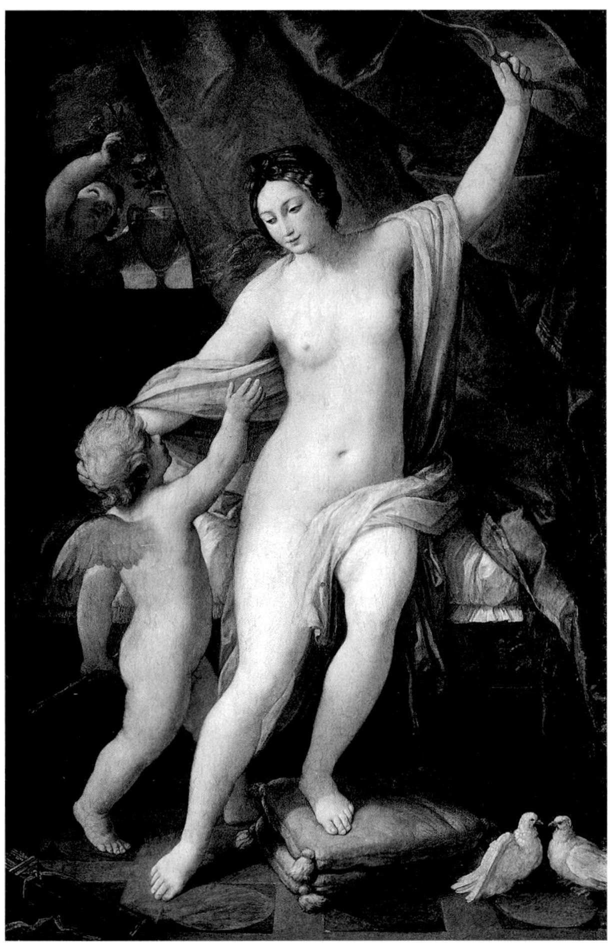

4 Guido Reni, *Venus und Amor.* Berlin, Staatliche Museen, Gemäldegalerie (Kat. Nr. 377) (Kriegsverlust)

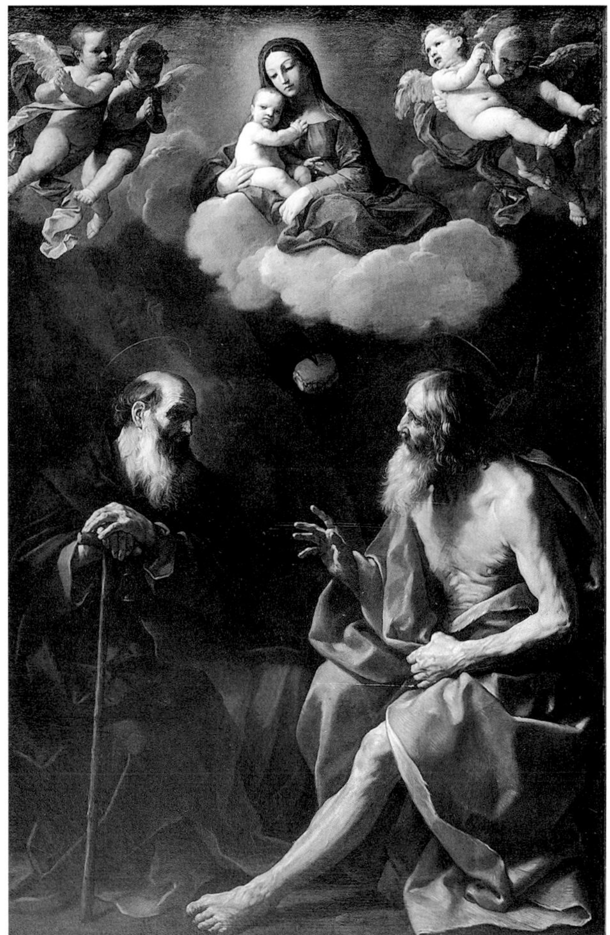

5 Guido Reni, *Die Einsiedler Paulus und Antonius in der Wüste.* Berlin, Staatliche Museen, Gemäldegalerie (Kat. Nr. 373) (Kriegsverlust)

Adligen, das sich ehemals in Berlin befand, und dem Jesus, welcher skeptischen, beleidigenden Erkundungsmanövern ausgesetzt ist[5].

Die *Lukretia* aus der Mitte des späten 17. Jahrhunderts, deren Aussehen stark an Typen aus der Romagna erinnert, ist eine weitere Erwerbung, auf die man mit Genugtuung blicken kann – unter anderem auch wegen einer mit besonderen Attributen versehenen Darstellungsweise, die in den italienischen Beständen der Gemäldegalerie aus dem 17. Jahrhundert derart selten ist, dass sie dieses Werk zu einem Unikum macht, welches auch als solches gewürdigt werden sollte.

Der magere Bestand an epochalen Künstlern wie Reni und Guercino aus der Emilia einerseits und Guido Cagnacci aus der Romagna andererseits, weist klar darauf hin, dass ein bedeutender Bereich wie die Malerei aus der Emilia Romagna in der Tat angemessen vertreten ist – aber ausschließlich was die Zeit der Reformatoren dieser Kunst betrifft –, und zwar durch die Brüder Agostino und Annibale Carracci sowie ihren Cousin Ludovico.

An letzterem orientierte sich der Parmesaner Giovanni Lanfranco mit seinen beiden Großformaten, die respektive den Heiligen *Karl Borromäus* und *Andreas* gewidmet sind, während das große Altarbild von Antonio Carracci, Agostinos Sohn, das sich vormals auf dem Altar der Cenami-Kapelle in der Kirche San Giovanni Evangelista in Lucca befand, noch immer dem Stil seines Onkels Annibale nachempfunden ist. Nach Erwähnung zweier vorzüglicher Gemälde von Guido Reni, und zwar *Venus und Amor* (**Abb. 4**) sowie *Die Einsiedler Paulus und Antonius in der Wüste* (**Abb. 5**), die zerstört beziehungsweise verschollen sind, kann die Reihe mit Guercinos hervorragender *Heiliger Familie* aus seiner Jugendzeit (um 1618) geschlossen werden.

Was die Jahrhundertentwicklung angeht, sind ein Albani und ein eingelagerter Tiarini, der jüngst als solcher erkannt wurde (**Abb. 6**)[6], sowie ein stark beeinträchtigtes Altarbild mit dem *Heiligen Rochus* des Reni-Schülers Giovan Francesco Gessi in die alphabetische Einteilung aufzunehmen. Hier bricht eine dem Wert der Carracci-Gemälde gerecht werdende Weiterführung des Bestandes ab; weiters ist auch die fortschreitende vielgestaltige Entwicklung der einzelnen Persönlichkeiten anhand der in der Gemäldegalerie vorhandenen Werke kaum ersichtlich.

Auch was die Emilia angeht, so ist diese Region, ähnlich wie die Lombardei, obschon in minderem Maße, hinsichtlich der in Rede stehenden Epoche unterrepräsentiert. Ganz zu schweigen von der Romagna, deren bedeutendster Vertreter, der bereits erwähnte Guido Cagnacci, im Bestand ebenfalls vermisst wird. Zumindest aber wurde mit der neuen *Lukretia* ein quasi ‚notwendiges' Gemälde in die Sammlung aufgenommen, das im Schatten des Akteurs von Sant'Arcangelo di Romagna entstanden ist – unter den vielen Repliken erregt ein eigenhändiges Gemälde der *Lukretia* mit düster schmollendem Gesichtsausdruck aus einer Privatsammlung in Forlì[7] besondere Bewunderung.

Dem breiten Publikum, vor allem außerhalb der Emilia Romagna, kaum bekannt ist die Schule von Cesena, zu der mit Cristoforo Serra und Cristoforo Savolini[8] zwei Künstler von übernationalem Format gehören. Der Einfluss Renis, Guercinos und Cagnaccis bestimmt die robuste und farblich luxuriöse Erscheinung dieser *Lukretia*, die wir umsichtig Savolini zuschreiben – als Vergleich denke man an dessen Heilige Apollonia in der rechten oberen Ecke des Altarbildes mit den *Heiligen Donnino, Karl Borromäus und Apollonia* in der Kirche des Heiligen Domenico zu Cesena. Die Erwerbung der *Lukretia* stellt, was die Werke aus der Emilia Romagna betrifft, eine bedeutende Ergänzung zur wirklich spärlich vertretenen zweiten Jahrhunderthälfte dar.

Zusammen mit der Lombardei ist das von der Größe her viel bescheidenere, aber in Bezug auf die Ausübung der bildenden Künste sehr lebhafte Gebiet Liguriens unter den norditalienischen Regionen stark unterrepräsentiert, und kann sich nur auf drei, wiewohl maßgebliche Figuren berufen:

Bernardo Strozzis *Salome*, die in Genua als die hervorragendste Gestalt des ersten Drittels des 17. Jahrhunderts galt, aber in ihrem späteren venezianischen Standort nicht weniger angesehen war, sowie Gioacchino Asseretos *Diogenes und Alexander*, ein jugendliches und noch etwas herbes Werk des temperamentvollen Künstlers, das erst 1984 von

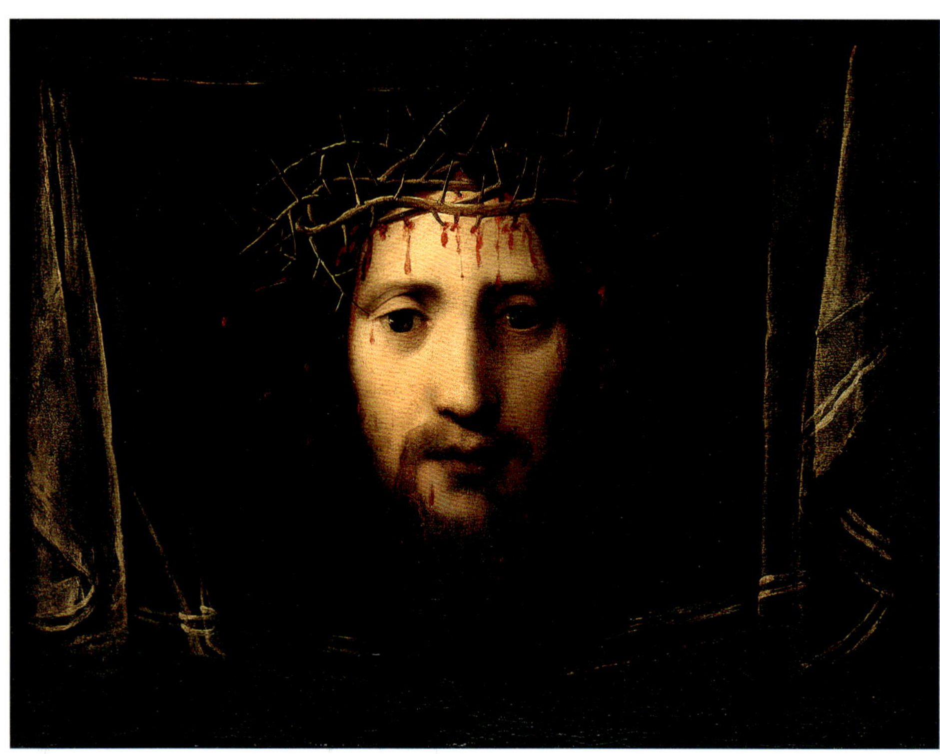

6 Alessandro Tiarini, *Das hl. Antlitz Christi*. Berlin, Staatliche Museen, Gemäldegalerie (Kat. Nr. 207 A)

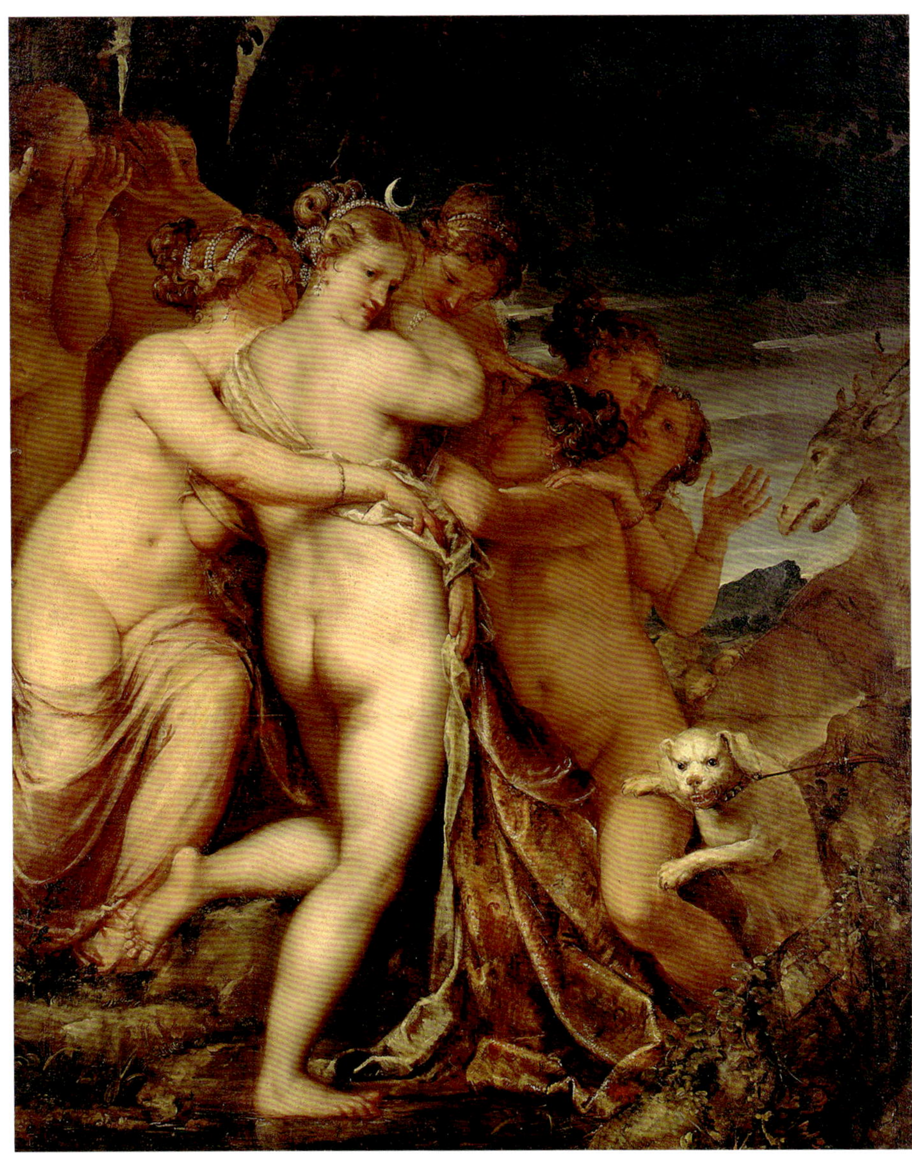

7 Pietro Liberi, *Diana und Aktaion.* Berlin, Staatliche Museen, Gemäldegalerie (Kat. Nr. 455)

der Gemäldegalerie erworben wurde, und schließlich Giovan Bernardo Castigliones (auch Il Grechetto genannt) vorzügliches Gemälde *Deukalion und Pyrrha.* Eine spärliche Gruppe, gewiss – aber von hochrangigem historischem Interesse.

Dieses dürftige Trio findet angemessene Unterstützung in einer großformatigen *Maria Magdalena*, die aufgrund einer (historisch sicherlich gerechtfertigten) Zuschreibung zum Kreis von Anton Van Dyck in die Depots der Gemäldegalerie abgedrängt wurde – dies ganz zum Nachteil der ligurischen Manier des Werkes (Kat. 1), dessen morphologische Merkmale auf Giovanni Andrea De Ferrari, einen Anhänger Strozzis, hindeuten.

Mit einer Ausstattung von knapp zehn Gemälden im Gepäck geht es durch die Regionen Emilia Romagna, Ligurien und Lombardei in Richtung Osten weiter, nach Venedig und Venetien, wo mehrere Beispiele der in alten Quellen gepriesenen hervorragenden Kunstwerke unserer harren.

Tatsächlich schließt die preußische Sammlung einige der gewichtigen Namen des Veneto aus der Mitte des 17. Jahrhunderts ein, diese werden aber nur selten in die Ausstellungssäle emporgetragen.

Die großflächige *Diana und Aktaion* des Paduaners Pietro Liberi (**Abb.** 7) wurde ebenfalls, wiewohl etwas willkürlich (und zwar aufgrund ihres stattlichen Formats), über längere Zeit zum Kanon der venezianischen Schule des 18. Jahr-

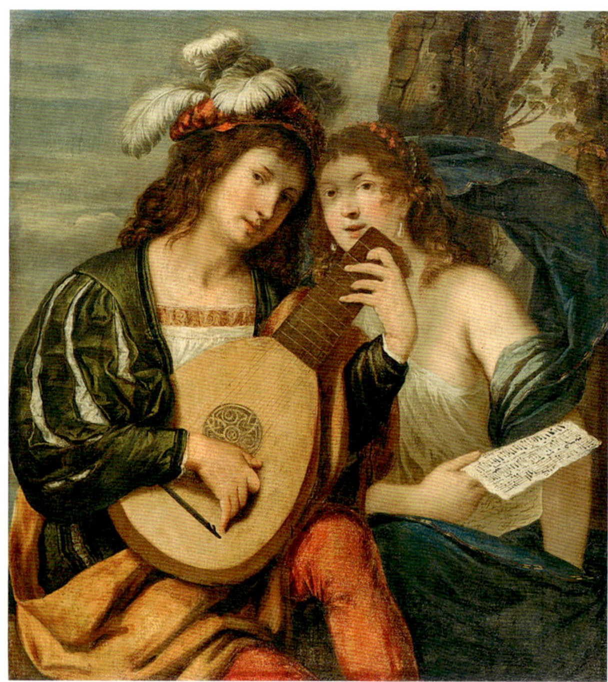

8 Pietro Vecchia, *Das Konzert.* Berlin, Staatliche Museen, Gemäldegalerie (Kat. Nr. 1260)

hunderts gerechnet, allerdings Seite an Seite mit Tiepolo und Amigoni.

Ohne jegliche Aussicht auf Erlösung schmachten in den Depots Pietro Vecchias zwar beschädigtes, aber gewiss gut konzipiertes *Konzert* (**Abb. 8**) sowie ein *Herkules am Spinnrad*, der nach Meinung des Schreibenden dringend wieder dem düster-verwegenen Pietro Negri zugeordnet werden sollte (**Abb. 9**).

In den breiten, muskulösen, rautenförmig anmutenden Gliedmaßen, die in farbenintensivem Auflodern hervortreten, in den festen, aber bebenden und im Schatten halb versunkenen Gliedern, verbirgt sich eine unerwartete Hommage an Guido Reni, vielleicht durch die grandiose Figur Johannes des Täufers vermittelt, der im Vordergrund des in der venezianischen Kirche dell'Ospedaletto aufbewahrten Altarbildes *Die Jungfrau und die Heiligen* des Paduaners Ermanno Stroiffi steht.

Der *Herkules am Spinnrad* ist in Wahrheit fast haargenau abgeleitet von der gleichnamigen Figur auf dem großformatigen Gemälde *Herkules und die Hydra*[9] des Bologneser Künstlers, das in der Galleria Palatina des Palazzo Pitti in Florenz ausgestellt ist. Es handelt sich um eine Art partiellen Durchschlags des elfenbeinfarbenen Originals von Reni, wobei dessen Erwähnung in Bezug auf die Darstellungsweise des venetischen Negri, eines Schülers von Matteo Ponzoni und Francesco Ruschi, in Wahrheit unerwartet und fast unpassend erscheint.

Die aus dem konstanten Vergleich mit dem *Herkules* der Gemäldegalerie entstandenen Figuren durchziehen das gesamte Werk des Negri: Es genügt, unter allen anderen die Gestalt des Protagonisten in *Die Zeit beschneidet Amor die Flügel* zu nennen – ein Werk, das sich im Staatlichen Keramikmuseum in Kuskovo (Moskau) befindet, wo es von Giorgio Fossaluzza[10] identifiziert wurde.

Andererseits kann als eine wiewohl entfernte Quelle für diese neue Akquisition von Negri die sogenannte *Allegorie des Herkules* von Dosso Dossi nicht von der Hand gewiesen werden, die sich heute in den Uffizien befindet. Noch aus der Zeit vor Reni stammend, fällt in diesem Zusammenhang die Figur im Vordergrund der linken Seite des Gemäldes als Vorbild für den Herkules des venetischen Künstlers aus dem 17. Jahrhundert auf.

Aus aktuellem Anlass findet *Apollons Musikwettstreit* des im Veneto eingebürgerten Bayern Johann Carl Loth (Kat. 8) verdientermaßen in die Ausstellungssäle zurück – es handelt sich um ein Schlüsselwerk des venezianischen Barocks, das

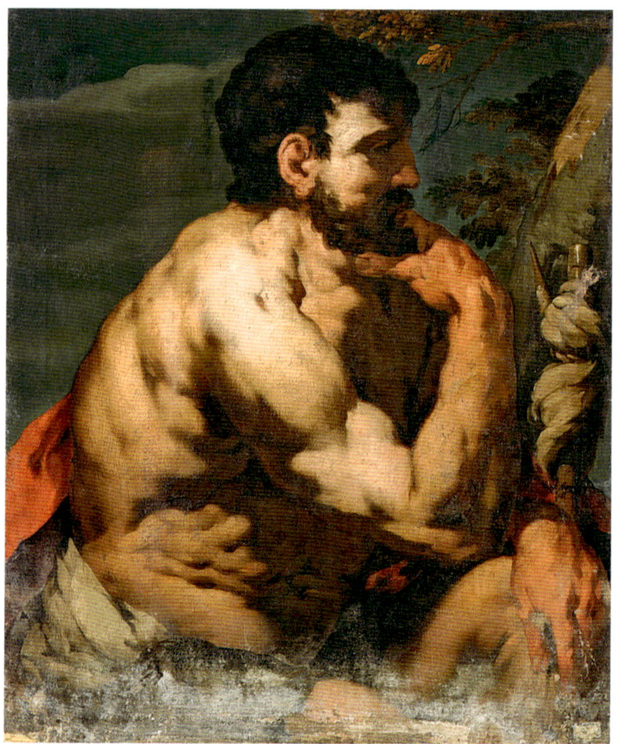

9 Pietro Negri (hier zugeschrieben), *Herkules am Spinnrad.* Berlin, Staatliche Museen, Gemäldegalerie (Kat. Nr. B.219)

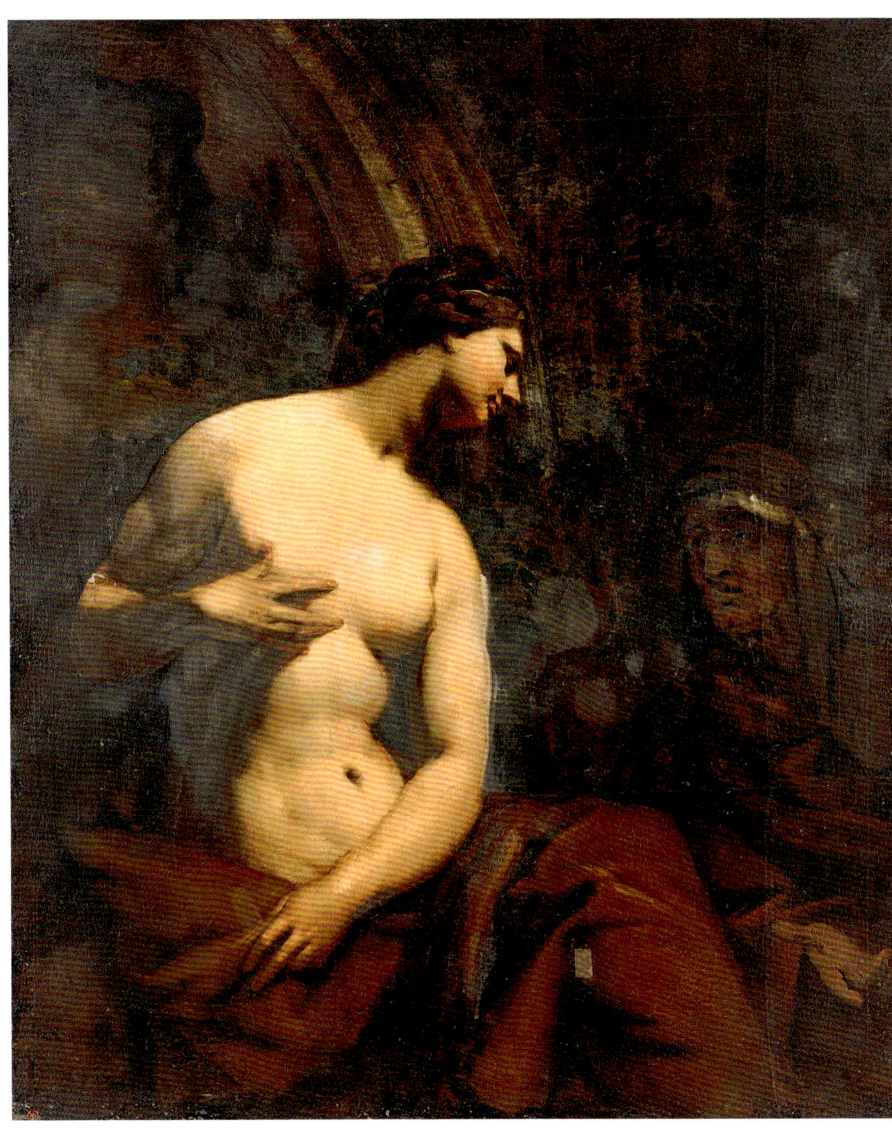

10 Antonio Zanchi, Umkreis, *Vertumnus und Pomona*. Hessen Kassel Heritage, Gemäldegalerie Alte Meister (GK 1052)

eine Zeit lang in der Studiengalerie im Untergeschoss des Museums zu bewundern war.

Das spärliche Namensverzeichnis erstrangiger Künstler aus dem Venetien des 17. Jahrhunderts wird durch die dritte Erwerbung im Rahmen der erquickenden Schenkung Günter Leidners ergänzt: Es ist dies die große Supraporte mit *Samson und Delilah* (Kat. 7), von der Hand des Paduaners (genaugenommen aus Este stammenden) Antonio Zanchi, ein für den Stil dieser Zeit typisches Werk, untypisch aber, was die Qualität der Ausführung angeht. Damit erreichen wir die äußerste Grenze des Jahrhunderts.

Wiewohl von allen norditalienischen Schulen die Schule aus Venetien am stärksten vertreten ist, so kann man doch nicht behaupten, dass sie einen, wenn auch nicht erschöpfenden, so doch zumindest repräsentativen Überblick über die ausschlaggebenden Künstler der Zeit gewährt.

Der von Alessandro Varotari (auch bekannt als Il Padovanino) brutal inszenierte *Christus und die Ehebrecherin* (Kat. Nr. 2255; Öl auf Leinwand, 174 x 234 cm, erworben durch eine Schenkung des Dr. Laves, Leipzig, 1977) wirkt schlaff und redundant – viel kann dem Werk insgesamt nicht abgewonnen werden.

Auch entbehrt die Sammlung eines der reizendsten Geister des Manierismus – die Rede ist von dem aus Vicenza stammenden Francesco Maffei, es fehlen aber auch alle guten Köpfe, die bis in das erste Viertel des 18. Jahrhunderts hinein tätig waren, wie Antonio Molinari, Gregorio Lazzarini[11] und Simone Brentana, es fehlen überdies sehr produktive

Künstler, die in deutschen Sammlungen sonst vertreten sind, wie Andrea Celesti und Giovanni Segala, ganz zu schweigen von den Malern aus dem Friaul, darunter Antonio Carneo.

Als schlichte Entschädigung für diese Sachlage möge das Gemälde eines barocken *petit maître*, und zwar Pasqualino Rossi aus Vicenza gelten, mit dem die kleine Ausstellung abschließt. Sein *Polyphem und Galathea* (Kat. 9) weicht offensichtlich weit ab vom Stil seines Meisters Pietro Vecchia, beeinflusst aber den neuen mittelitalienischen Kontext (Rom und die Marken), in dem Rossi ein fruchtbarer Akteur war.

Dieses für das letzte Viertel des 17. Jahrhunderts seltene kleinformatige mythologische Gemälde ist eines der wenigen, die außerhalb der Halbinsel verwahrt sind (weitere Beispiele sind *Der Mathe Unterricht* im Statens Museum for Kunst in Kopenhagen, sowie *Die Nähschule* im Pariser Louvre) – dies gilt in besonderem Maße für einen Künstler, der außerhalb Roms und der Region der Marken kaum tätig war, und für ein Objekt, dessen Stil sich stark den zahlreichen Rossi zugeschriebenen Gemälden in Fabriano und dem nahe gelegenen Serra San Quirico nähert.

Was die sogenannten „tenebristi" (die „Düstermaler") angeht, wird man neben Zanchis *Samson*, der von Günter Leidner gestiftet wurde (Kat. 7), eine leidenschaftliche *Verstoßung der Hagar* aus einer Privatsammlung (Kat. 6) bewundern können, die auf halbem Weg zwischen Zanchis eigener Manier und dem Stil Francesco Ruschis, eines in der venezianischen Lagune heimisch gewordenen Römers, liegt.

Dieses letzte Gemälde verrät eine gewisse Verwandtschaft mit einem etwas in Vergessenheit geratenen Werk in den Kasseler Sammlungen, und zwar *Vertumnus und Pomona* (**Abb. 10**), das behutsam einem anonymen Veneter des 17. Jahrhunderts zugeschrieben wird: Die Göttin des Ackerbaus richtet sich auf, ihr nach unten gewandtes Gesicht ist stark verkürzt, und wirkt beinahe wie ein spiegelgleiches Pendant zu Ismaels Mutter, wie diese auf der eben erwähnten neuen, bis dato noch unbekannten Leinwand erscheint. Weniger metallisch und schematisch als Ruschi, doch sanft wie der beste Zanchi, zeigt das Gemälde im Teil – wie das Kassler Werk – Stilmerkmale trügerischer Weise typisch für eine noch ungenügend bekannte Persönlichkeit der Malerei in der Region Trentino, Giuseppe Alberti.

Dank der weitsichtigen Entscheidung des glücklichen Sammlers belebt nun die *Verstoßung der Hagar* als Leihgabe die in Rede stehende Abteilung der Gemäldegalerie. Diese Abteilung ist vorübergehend durch die (euphemistisch gesprochen!) überschaubare derzeitige Ausstellung repräsentiert, welche das in der Gemäldegalerie am schwächsten vertretene Jahrhundert (freilich an Berliner Maßstäben gemessen), und zwar das 17. Jahrhundert in Italien, zum Gegenstand hat. Dabei hatte gerade Venetien, sowohl im 17. als auch im 18. Jahrhundert, künstlerisch in Berlin bereits eine relative Vormachtstellung erlangt.

Anmerkungen

1 Rosci 2000, S. 86–91 Kat. 37, 38 und 39–42; S. 94–97 Kat. 46. Das imposante, bereits in Berlin befindliche Altarbild (Kat. Nr. 352) aus der Mailänder Neuen Kirche der Unbefleckten Empfängnis der Kapuziner besaß die beeindruckenden Maße 321 x 193 cm. Auch die Frankfurter *Taufe Jesu* (Inv. 1527) weist mit 250 x 255 cm beachtliche Maße auf. Ein drittes höchst beeindruckendes Werk von Cerano schmückt die Wände einer ebenfalls in deutschsprachigem Gebiet befindlichen Sammlung, der bewundernswerten Gemäldegalerie des Kunsthistorischen Museums in Wien (*Jesus erscheint den Aposteln Petrus und Paulus*, Inv. Nr. 273, Öl auf Leinwand, 274 x 184 cm, aus der Kirche San Pietro dei Pellegrini in Mailand). Zum Altarbild *Das Gelübde der Franziskanerheiligen* siehe auch Contini 2005.

2 Kat. Nr. 408A: Öl auf Leinwand, 86 x 69 cm.

3 Michaelis 1995, S. 20.

4 Florenz 1911a; Florenz 1911b, S. 7: Nr. 35092 (Crespi Daniele – *Un vechio* (sic) *seduto* [*Sitzender alter Mann*], Kaiser-Friedrich-Museum, Berlin).

5 Ein weiteres Gemälde, das traditionell Daniele Crespi zugeschrieben wird – in Anbetracht der historischen Periode kann man allerdings nicht umhin, sich zu fragen, unter welcher Druckausübung diese Zuschreibung geschah (vgl. *Beschreibendes Verzeichnis* 1931, S. 612) –, war offenbar zu einem unbekannten Zeitpunkt von Waagen erworben worden. Diese Umstände erschweren ein unverfälschtes Urteil über die wahren Fachkenntnisse des ersten Direktors der Gemäldegalerie. Das Gemälde *Jesus im Garten Gethsemane* (Kat. Nr. 357; 182 x 118 cm), dessen Ausmaße beinahe der Seitenwand einer Kapelle entsprechen, wurde zu einem ebenfalls unbestimmten Zeitpunkt als Leihgabe an die evangelische Kirche in Briesen (im damaligen Westpreußen, heute Wąbrzeźno bei Torún) entsendet. Erst kürzlich hat Andreas Raub (2020, S. 56–57 Kat. 57) den *Betenden Jesus mit einem Engel im Garten Gethsemane*, eine der besten Bearbeitungen eines bekannten Themas vonseiten Vincenzo Campis, im Diözesanmuseum in Pelplin (Muzeum Diecezjalne w Pelplinie) aufgespürt, wohin das Gemälde bereits 1974 überführt worden war.

6 Kat. Nr. 207A, Öl auf Leinwand, 43 x 56 cm, ehemals „Mailändisch, Ende 16. Jh.". Benati 2001, I, S. 34 Nr. 41, datiert 1615–20. Im Jahr 1819 von Feldmarschall von Knesebeck wahrscheinlich in Rom erworben, gelangte das Gemälde auf dessen Gut Schloß Karwe (Brandenburg) und wurde dann König Friedrich Wilhelm III. für die Kapelle des Stadtschlosses in Berlin geschenkt. Es wurde 1855 aus den königlichen Schlössern in das Kaiser-Friedrich- Museum überführt (*Gesamtverzeichnis* 1996, S. 74).

7 Pasini 1986, S. 234 Kat. 38: Öl auf Leinwand, 90 x 68 cm, datierbar in die 1640er Jahre. Einige Repliken mit Varianten befinden sich in einer Privatsammlung in Bologna und im Hessen Kassel Heritage, Gemäldegalerie (Inv. 577: 89,7 x 77,5 cm).

8 Das Werk dieser beiden etwas kühlen Künstler wurde in jüngster Zeit von den Spezialisten Marina Cellini (2004) und Massimo Pulini (2021) gründlich analysiert.

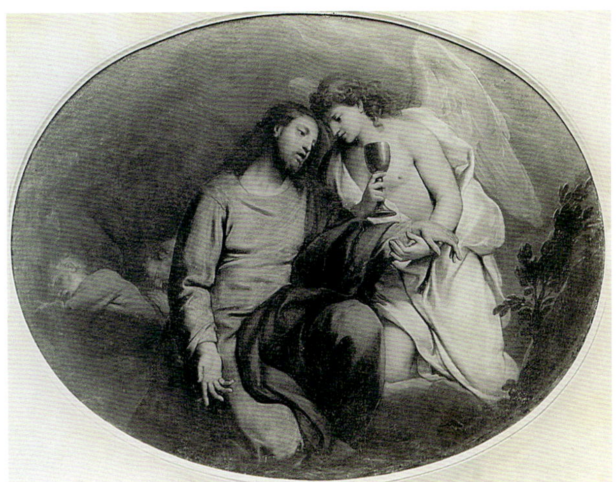

11 Gregorio Lazzarini, *Jesus im Garten Gethsemane*. Berlin, Staatliche Museen, Gemäldegalerie (Kat. Nr. B.194). Seit 1877 Leihgabe nach Breddin (Pignitz), Evangelische Kirche (Foto vor dem Schaden)

9 Siehe zuletzt Alexander Röstel, in: Frankfurt am Main 2022/23, S. 270–271, Kat. 117.

10 Fossaluzza 2010, Abb. 92.

11 In der Tat scheint ein ovales Gemälde des *Jesu im Garten Gethsemane* (Kat. Nr. B.194: **Abb. 11**), das bereits 1877 vom Berliner Horizont verschwand, als die nicht unbedeutende Leinwand (136 x 178,5 cm) der evangelischen Kirche von Breddin in der Pignitz (Brandenburg) überlassen wurde, ganz der Manier Lazzarinis zu entsprechen (wie schon Raub vorsichtig behauptete „Gregorio Lazzarini, Umkreis"; ders., 2020, S. 131–132, Karte 54). Wir sind nicht weit vom zauberhaften Havelsberg entfernt, an der eben durch die Havel bestimmten äußersten Grenze von Sachsen-Anhalt. Das Gemälde trug eine allgemeine Zuschreibung an einen „Nachahmer des Correggio", die später in die Formulierung „Moderne Kopie nach italienischem Meister" (*Kunstdenkmäler der Provinz Brandenburg* 1907, S. 13) umgewandelt wurde. Die direkte Betrachtung des *Jesu im Garten Gethsemane*, welchem unmittelbar nach Kriegsende dreizehn Messerstiche zugefügt wurden (**Abb. 11**), war – zumindest für den hier Schreibenden – von ausschlaggebender Bedeutung für die Zuschreibung. (Weitere und hinreichende Vergleiche wurden auch angestellt mit einer mit Pendant versehenen *Episode aus der Geschichte des Bacchus*, 1985 auf dem Kunstmarkt in Turin – 92 x 152 cm, sowie mit *Rinaldo und Armida* in der Narodne Galerije in Ljubljana – Inv. 3057: 121 x 161 cm). So wird für den venezianischen Barock in der Gemäldegalerie ein neues Stück gewonnen. Zugegeben, zwar verspätet, und überdies war das Werk bis dato noch außer Haus – es wurde jedoch zurzeit gerade nach Berlin gebracht, vornehmlich um einen Akt des Vandalismus von so seltener Brutalität wiedergutzumachen.

KATALOGTEIL

Giovanni Andrea De Ferrari
(Genua 1598 – 1669 Genua)

1 Die büßende Magdalena

Öl auf Leinwand, 112,5 x 92,5 cm
ca. 1640
Berlin, Staatliche Museen, Gemäldegalerie, Kat. Nr. 2203

Dieses ansprechende Gemälde trägt dazu bei, die spärlich gesäte genuesische Präsenz in der Gemäldegalerie zu erweitern (denn was den Barock, aber auch andere Epochen angeht, ist die genuesische Malerei nur vereinzelt vertreten), die bislang auf Meisterwerke von Bernardo Strozzi (*Salome*: Kat. Nr. 1727), Gioacchino Assereto (*Diogenes und Alexander*: Kat. Nr. 84.2) und Grechetto (*Deukalion und Pyrrha*: Kat. Nr. 2078) beschränkt war. Andererseits wird aber durch die neue Zuschreibung Van Dyck und seiner Schule, der die *Magdalena* bis dato zugerechnet wurde (Geismeier 1976, S. 30), ein Element entzogen.

Dieses Gemälde blieb seit seinem Erwerb 1958 für das Bode-Museum durch die DDR völlig unerkannt, und wurde auch nach der Wiedervereinigung bei jedem Standortwechsel der Gemäldegalerie stets eingelagert.

Das Werk, das sich während des nationalsozialistischen Regimes im Besitz des Reichsministeriums für Volksaufklärung und Propaganda befunden hatte, war im Zuge der Rückgabe-Aktion von Raubkunst durch die damalige Sowjetunion nach Deutschland zurückgekehrt.

Bei der *Magdalena* ist die Inspiration durch das Vorbild des Flamen, manchmal vermischt mit Elementen lokaler Prägung, vor allem aus Fiasellas Werken, offensichtlich. Dies entspricht ganz der Entwicklung der künstlerischen Reife De Ferraris.

Abraham bewirtet die drei an einem Tisch sitzenden Engel im Saint Louis Art Museum ist ein hervorragendes Beispiel dafür – es wäre aber, neben der *Magdalena* in Berlin, auch eine Handvoll anderer herausragender Werke des ligurischen Künstlers zu erwähnen, wie das Altarbild mit der *Rosenkranzmadonna* in der Kirche San Domenico in Varazze, *die Jungfrau mit dem Kind* im Palazzo Durazzo Pallavicini sowie *Jakob und seine Familie*, ein Gemälde, das zusammen mit *David und Abigail* in der Kunstgalerie der Genueser Accademia Ligustica verwahrt ist.

Setzt man eine Affinität zum Stil Van Dycks in chronologischer Hinsicht voraus, und zwar nicht nur was die Werke, sondern auch die Anwesenheit des Antwerpener Künstlers selbst angeht, der einen Teil der mittleren bis späten 1620er Jahre in Genua verbrachte, wäre es nicht unplausibel, die Ausführung der erwähnten Gemäldegruppe, einschließlich der *Magdalena*, zwischen dem Ende der 1620er Jahre und dem Beginn der 1630er zu verorten.

Die unglückliche Interpretationsgeschichte dieses in Vergessenheit geratenen Gemäldes hängt auch damit zusammen, dass ein spanischer Einfluss sich geltend macht (wie es apodiktisch in einer Karteikarte des Museums heißt); insbesondere gemahnt es an Murillos Schule.

Flämische und sevillanische Koordinaten bestimmen also dieses Werk, und letztere sind in der Tat relevant für Van Dycks Einflussbereich; seltsamerweise fehlt aber jeglicher Hinweis auf Italien.

Nach Erwähnung der von einem gemäßigten Vandyckismus durchdrungenen Werke De Ferraris sind die Vorbilder des

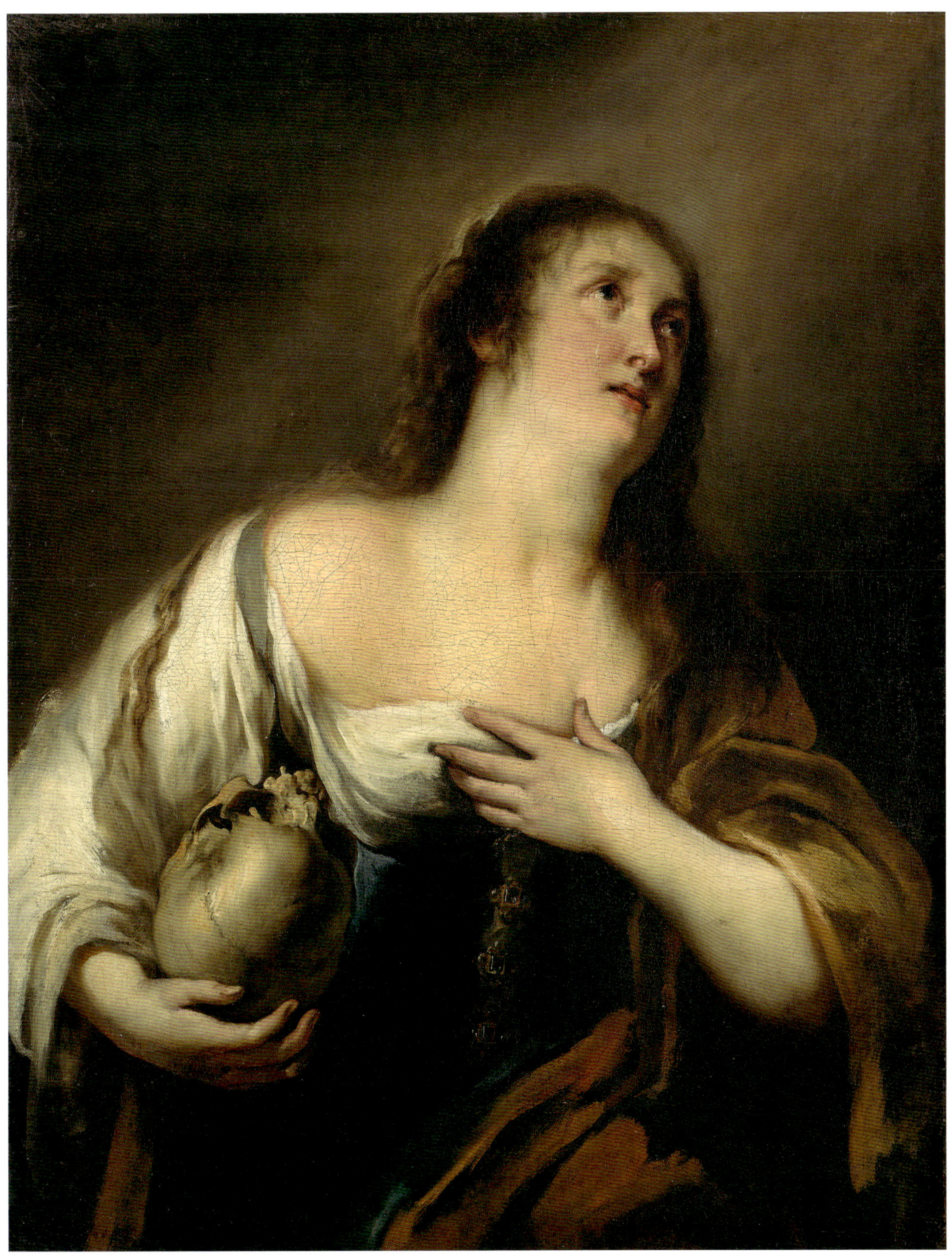

Antwerpener Künstlers nicht zu übergehen, die zumindest teilweise dazu beitragen, den von einem gewissen Neo-Tizianismus beeinflussten Wandel sowohl in der Komposition als auch im Stil des Genueser Künstlers zu erklären.

In diesem Sinne wird auf *Vertumnus und Pomona* im Palazzo Bianco verwiesen, vor allem was die Figur der Göttin angeht, sowie auf *Die Zeitalter des Menschen* im Städtischen Museum Palazzo Chiericati in Vicenza (hier beachte man die weibliche Figur ganz rechts im Gemälde), ohne aber die spätere *Jungfrau mit Kind, angebetet von der heiligen Maria Magdalena und dem verlorenen Sohn und König David* zu übergehen, die sich heute im Louvre befindet.

Eine weitere Version des in Rede stehenden Berliner Gemäldes befindet sich heute in der National Gallery of Canada in Ottawa (Inv. 3749: Öl auf Leinwand, 113 x 92,8 cm: **Abb. 1**), aber auch diese kann – obschon von hoher Qualität –, nicht als ein Original von Anton Van Dyck angesehen werden. Tatsächlich verrät diese Variante ein etwas akademisch anmutendes Nachempfinden des frisch wirkenden Gemäldes von De Ferrari, welches durch die Hinzufügung für die Interpretation entscheidender Details, wie das in den Felsen eingelassene Kreuz in der oberen rechten Ecke, vervollkommnet wurde.

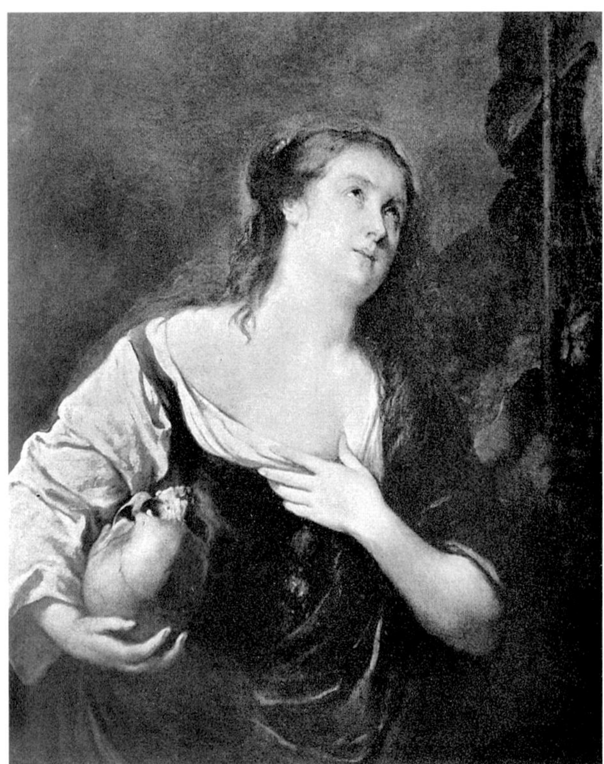

Abb. 1: Flämisch, *Magdalena*. Ottawa, National Gallery of Canada

Nimmt man an, die Berliner Version sei der Prototyp, so verrät die Version aus Ottawa ganz den Stil (und selbst die kitschigen Aspekte) eines Murillo um die Mitte des Jahrhunderts.

Während die Kritiker an Van Dycks Namen (aus der Antwerpener Zeit) festhielten, war es erstmals Hans Tietze (1936, S. 184), welcher der pro-italienischen Meinung des kanadischen Museums widersprach und realistischerweise an einen Eingriff der Werkstatt dachte, während Glück (1931, S. 218, 542 – das Werk, einst bei Asscher & Welker in London, dann Teil der Sammlung von Edwin Lloyd in Dublin, ging der National Gallery of Canada durch eine Schenkung vonseiten William Southams aus Ontario zu) und in seinem Gefolge Larsen (1980, Kat. 575; 1988, II, S. 290–291) die Leinwand zu einem gesicherten Original Van Dycks aus dessen zweiter Antwerpener Periode erklärten, die geradezu ‚redolent with Italianate souvenirs' sei.

Tatsächlich stimmt im Katalog von Laskin und Pantazzi (1987), in dem die kanadische Variante als ‚Italian or Spanish, 17th c.' klassifiziert ist, bereits alles mit der später (Contini 2011) für die deutsche Version gewählten hermeneutischen Richtung überein.

Bereits im Katalog von 1969 bahnte sich eine interpretatorische Öffnung in Richtung eines ‚Italian (perhaps Genoese) Follower of Van Dyck' an, wobei sich einige Jahre später in der Auflistung von Fredericksen und Zeri (1972, S. 70) der Name Giovanni Andrea De Ferraris herauskristallisieren sollte – eine Ansicht, die von Laskin und Pantazzi (1987, S. 148) abgelehnt wurde (nicht aber die allgemeinen ligurischen Koordinaten).

Zu den weiteren Ableitungen gehört die affektierte, in Den Haag im Mauritshuis (Inv. 431, Öl auf Leinwand, 137 x 121 cm) verwahrte Variante, in welcher das Kruzifix durch ein Stillleben aus Goldwerk und Wirkwaren ersetzt erscheint, und die bereits für ein Werk von Lievens gehalten wurde (Mauritshuis 1977, S. 89 als ‚Flemish School'; *The Royal Picture Gallery Mauritshuis* 1985, S. 476: ‚Anonymous'); ferner die Leinwand (106 x 88,9 cm), die in einer Ausstellung in der Londoner Spink Gallery (1921, Kat. 22) zu sehen war, und schließlich die kleine Holztafel, die sich ehemals im Besitz von Lord Savile, Rufford Abbey, befand, am 18. November 1938 bei Christie's in London versteigert (Los 122, 85 x 60 cm, zum Werk eines Nachfolgers von Rubens erklärt) und von Sir Ellis Waterhouse als mittelmäßig beurteilt wurde (Laskin, Pantazzi 1987, S. 148).

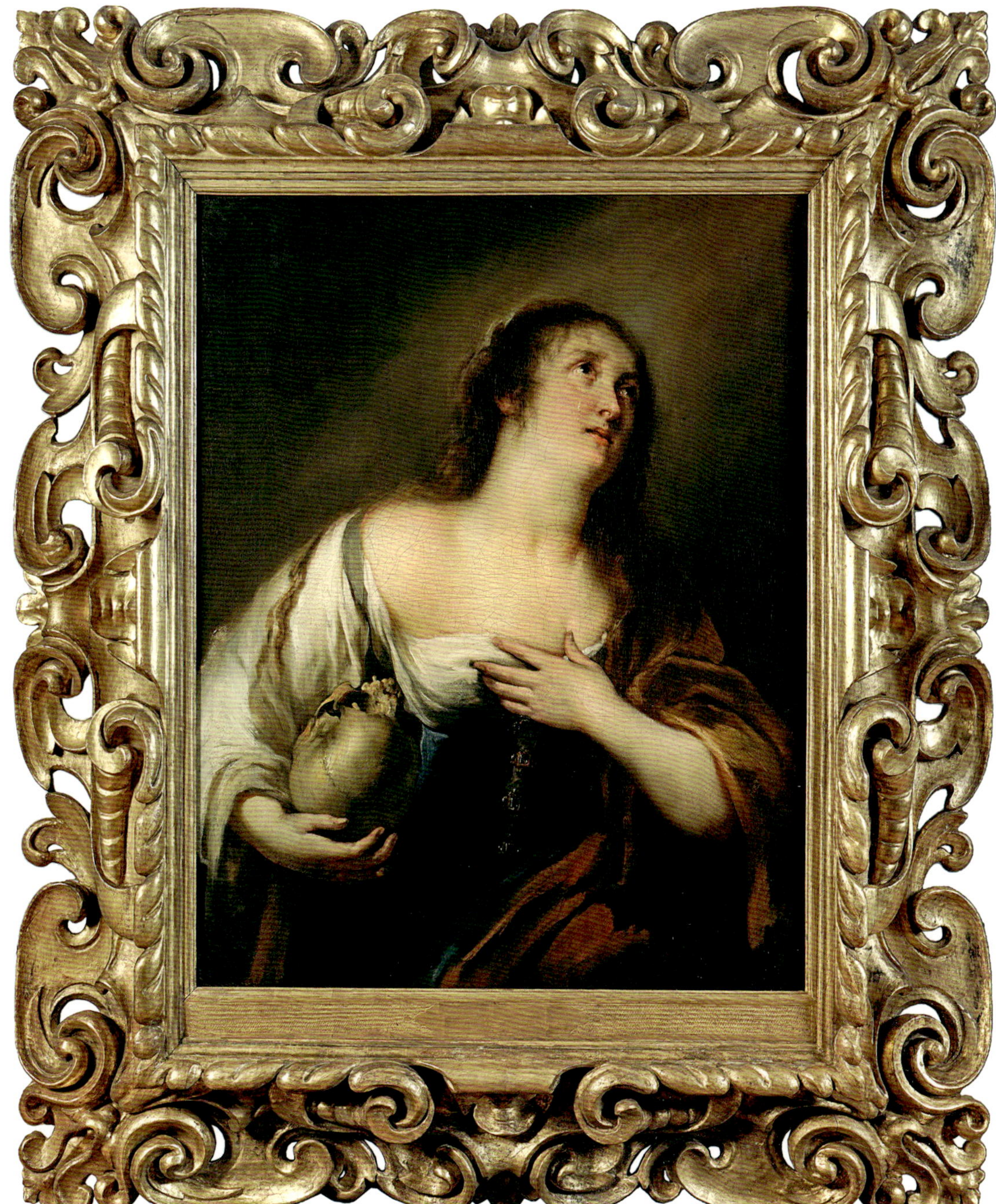

Abb. 2: Giovanni Andrea De Ferrari, *Magdalena*. Berlin, Staatliche Museen, Gemäldegalerie, im neuen Rahmen

Ihres Rahmens beraubt, kann die *Magdalena* nun – dank der Fürsorge von Rainer Wendler und Bertram Lorenz – stolz auf den sie umgebenden prächtigen ‚Palatina-Rahmen' (florentinischer Herkunft, aus der Zeit zwischen Manierismus und Frühbarock: **Abb. 2**) blicken, der eigens für diesen Zweck aus dem Depot der Gemäldegalerie heraufbefördert wurde (Inv. 90.22).

Literatur:

Geismeier 1976, S. 30; Laskin, Pantazzi 1987, S. 327–328; *Gesamtverzeichnis* 1996, S. 43, 284 Abb. 941; Contini 2011, S. 352–355, Tafel XXXII in Farbe.

CRISTOFORO SAVOLINI, zugeschrieben
(Cesena 1639 – 1677 Cesena)

2 Der Selbstmord der Lukretia

Öl auf Leinwand, 77,5 x 64,5 cm
ca. 1660–70
Berlin, Staatliche Museen, Gemäldegalerie, Dauerleihgabe Günter Leidner

Dieses Gemälde ist in den Berliner Sammlungen, was die Malerei der Emilia-Romagna angeht, das einzige Beispiel für den die zweite Hälfte des 17. Jahrhunderts bestimmenden Einfluss Renis und Guercinos, sowie auch das einzige Beispiel für eine Heldin in einsamer Selbstmordaktion.

Als Beispiele der Tugend, die den Freitod einem von der Schandtat überschatteten Leben vorzog, waren solche Darstellungen in barocken Kunstsammlungen überreichlich vorhanden, nicht selten auch in Serien angeordnet, die sittliches Verhalten veranschaulichen sollten.

Die verzweifelte junge Frau mit den tränenverschleierten Augen, an denen man dennoch ablesen kann, mit welcher Entschlossenheit die verhängnisvolle Entscheidung getroffen wurde, findet ihre Vorbilder eher in Guercinos Werken als in den zahlreichen Gemälden der Schule von Reni, die normalerweise, was körperliche Merkmale sowie Gesichtszüge angeht, allgemeiner gehalten sind: Typisch sind eine kurze Nase mit flacher und breiter Nasenwurzel sowie bogenförmige Augenbrauen, die den Florentinern jener Zeit so gut gefallen sollten – ganz nach dem Vorbild von Cesare Dandini.

Das Gemälde zeigt, ohne ins Grausame auszuufern, den Augenblick des Entschlusses, unmittelbar vor der unwiederbringlichen Tat: Gleich wird sich die Protagonistin mit dem in der rechten Hand geschwungenen Dolch die Brust durchbohren. Die geschändete Ehefrau des Tarquinius trägt ihrer edlen Abstammung gemäße Kleidung: ein mitternachtsblaues Kleid, einen vanillefarbenen Schal und eine schneeweiße Bluse. An ihrem, im Gemälde sichtbaren linken Ohr hängt ein Perlenohrring. Die nur andeutende Beschreibung der gesamten Aufmachung sowie die kursorische Erwähnung des kastanienbraunen Haares spiegeln die von unscharfen Konturen bestimmte Ausführung des Gemäldes wider. Diese Manier des Ausdruckes scheint sich an Vorbildern zu orientieren, die nicht unbedingt aus der Emilia stammen, sondern eher die Romagna kennzeichnen. In der Barockzeit war der größte Vertreter der romagnolischen Malerei ein Sohn Sant'Arcangelos, Guido Cagnacci, der später in Bologna, Venedig und Wien die internationale Bühne betrat. Der zum Ausdruck drängende Impetus sowie die unklaren, verschwommenen Linien ordnen dieses Bild dem Einflussbereich Cagnaccis zu – was die Vornehmheit der Ausführung angeht, werden jegliche Erwartungen auch erfüllt.

Die Annahme von Reminiszenzen an Guercino in einigen Hauptwerken des Romagnolers Cagnacci erscheint zwar, von einem kritischen Standpunkt her betrachtet, nicht so abwegig, doch das Vorhandensein spezifischer persönlicher Elemente bewegt den Kritiker dazu, aus der Handvoll bedeutender Söhne Cesenas (einer Stadt der Romagna, die im 17. Jahrhundert als Schule der bildenden Künste große Berühmtheit erlangte), den weniger bekannten Cristoforo Savolini als Autor des besprochenen Gemäldes auszuwählen.

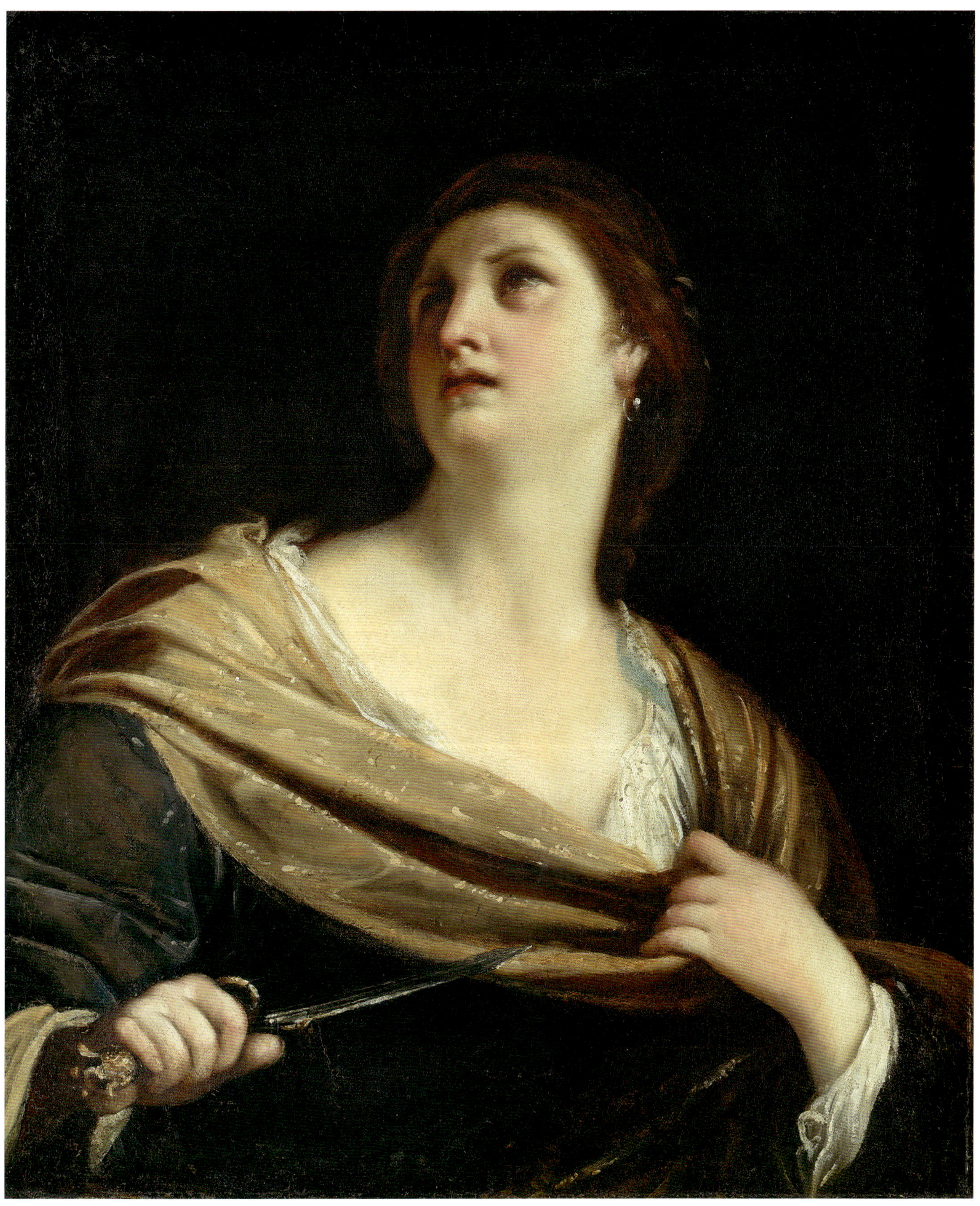

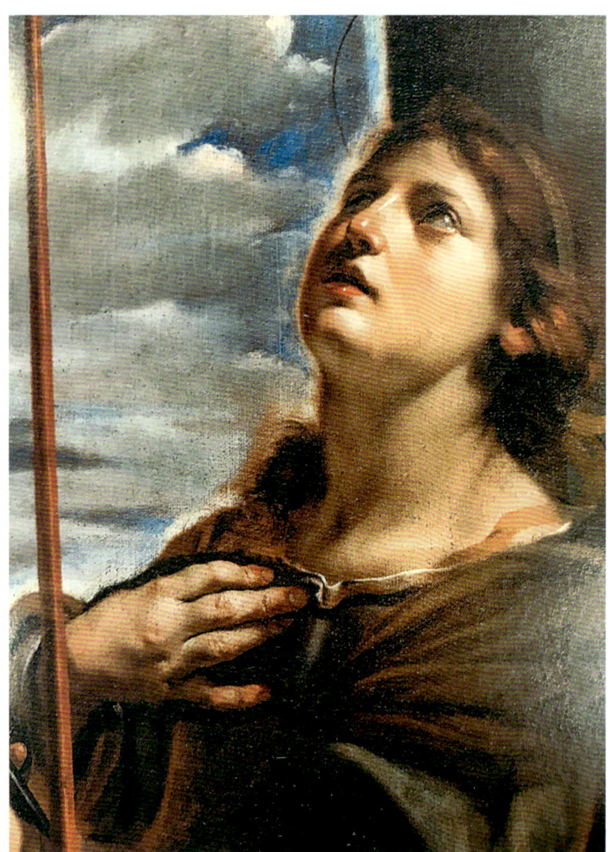

Abb. 1: Cristoforo Savolini, *Die Heiligen Karl Borromäus, Donnino und Apollonia*. Cesena, San Domenico (Detail)

Nur ein einziges Werk dieses hervorragenden Künstlers sei hier genannt, und zwar das Altarbild *Die Heiligen Karl Borromäus, Donnino und Apollonia* in der Kirche San Domenico in Cesena. Man beachte insbesondere die lebendig naturgetreu wiedergegebene Figur der heiligen Apollonia (**Abb. 1**), die sich vor einem höchst stimmungsvollen Himmel abhebt. Aber hier tritt allgemein eine größere plastische Vehemenz zutage (auch dank dem strahlenden Licht, das auf die Züge des fast männlich anmutenden Gesichts fällt), als dies in der Darstellung der *Lukretia* der Fall ist. In Anbetracht der gleichwertigen hochqualitativen Ausführung ist also größte Vorsicht geboten, was eine neue Zuschreibung angeht – wobei außerdem die stilistischen Akzente zu berücksichtigen sind, die der andere aus Cesena gebürtige Cristoforo der Barockzeit, der nicht weniger bedeutende Serra, mit Savolini gemeinsam hat.

In den unvermittelten Stiländerungen Serras zeigt sich eine gewisse Ähnlichkeit mit dem Autor der Leidnerschen *Lukretia*, insbesondere was das gleichnamige Gemälde angeht, welches aber von Serra ungemein kühner und männlicher ausgeführt ist. Dieses Werk befindet sich heute in der Sammlung der Stiftung der Sparkasse von Cesena/Crédit Agricole. Weitere Ähnlichkeiten erscheinen im Ausdruck der sehr viel zarter dargestellten Zeichen resignierten Leides, so im *Selbstmord des Cato* (Genf, Galerie Rob Smeets).

Literatur:
unveröffentlicht

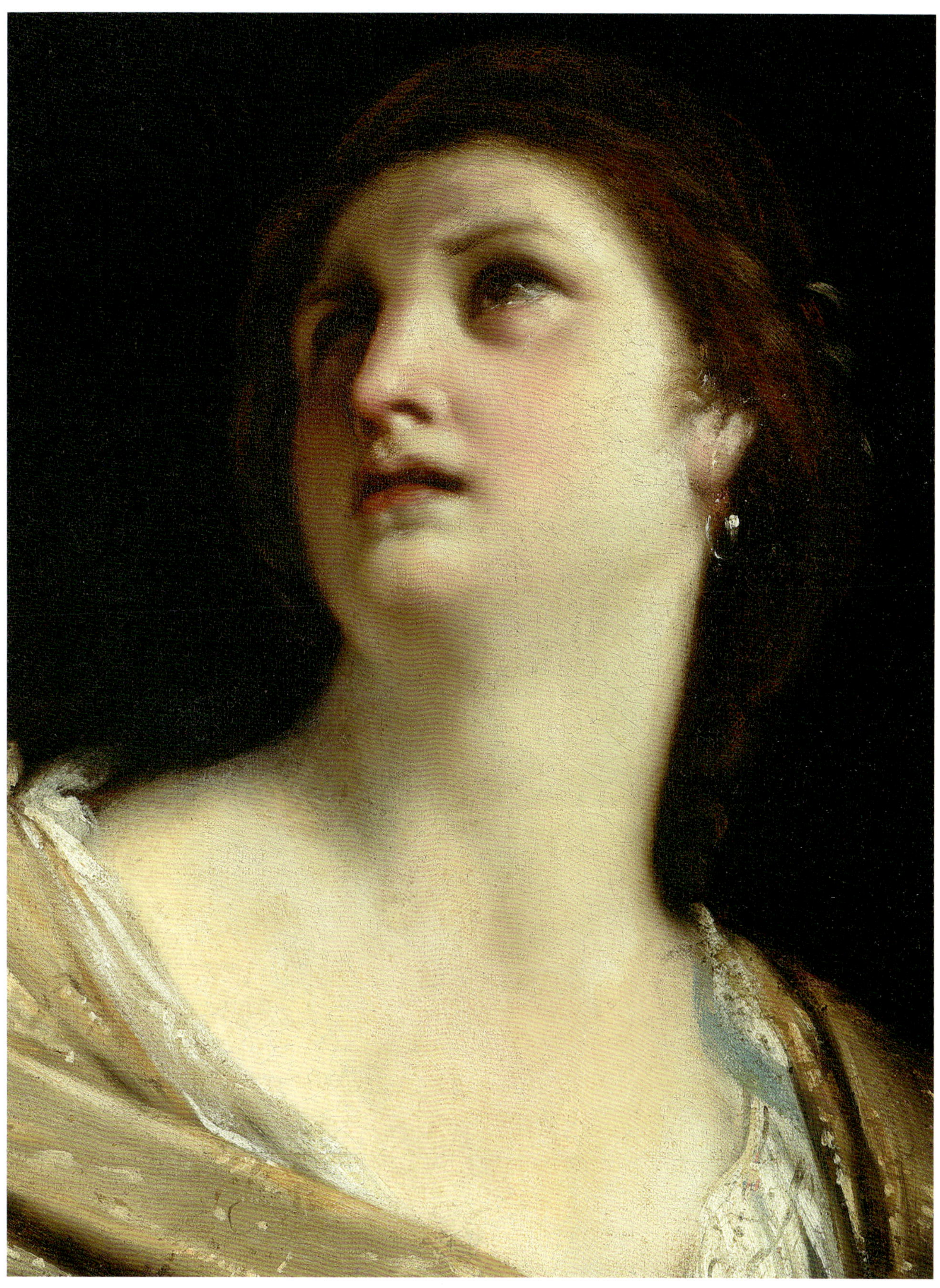

Giovan Battista Crespi, genannt Il Cerano, zugeschrieben
(Romagnano Sesia 1573 – 1632 Mailand)

3 Der heilige Johannes der Täufer als Knabe

Pappelholz, 42 x 56 cm
ca. 1620
Berlin, Staatliche Museen, Gemäldegalerie, Kat. Nr. 220

Dieses bezaubernde Gemälde wurde 1841/42 erworben und gesellte sich zu dem einzigen weiteren Werk deklarierter lombardischer Herkunft in der Gemäldegalerie, dem kleinen und exquisiten *Traum des heiligen Joseph* von Francesco Cairo (Kat. 5), der aus den preußischen Schlosssammlungen stammte. Die Tafel, die bis zu dieser Ausstellung (**Abb. 3**) ungerahmt im Fundus verweilte, wurde von Asako Sone unter der Aufsicht von Ramona Roth restauriert.

Es handelt sich um ein Gemälde in einem würdevollen Stil, der ganz der Manier Ceranos entspricht und – man möchte hinzufügen – alle Zeichen einer hochwertigen, mit dem eben genannten Künstler übereinstimmenden Ausdrucksweise trägt. In der Vergangenheit wurde es von dem Verfasser des vorliegenden Textes (Contini 2005) Melchiorre Gherardini, bekannt als Il Ceranino, zugeschrieben, einem originellen Nachfolger des Meisters; aber der Stil des Gemäldes deckt sich doch am ehesten mit dem des Begründers der Schule, als mit dem irgendeines Nachfolgers. Der Typus des Knaben entspricht Vorbildern aus dem östlichen Piemont des 16. Jahrhunderts, die dem aus der Provinz Novara gebürtigen Cerano sicherlich zugänglich waren. In diesem Rahmen möge es genügen, den produktiven Bernardino Lanino und eine Auswahl seiner Gemälde zu erwähnen, wie die *Madonna unter einem Baldachin* in der Kirche San Paolo in Vercelli, die *Jungfrau mit dem Kind, zwei Heiligen und einem Gläubigen*, die sich heute in der Pinacoteca di Brera in Mailand befindet, und schließlich – besonders eindrucksvoll – *Die eine Schriftrolle haltenden Engel*, die sich früher in der Kirche San Cristoforo in Vercelli befanden und heute im Museum Borgogna in derselben Stadt ausgestellt sind.

Die vibrierend verschwommenen Konturen in der Darstellung des Jünglings und der ihn umgebenden Landschaft finden gute Entsprechungen im Werkkatalog Crespis, so z. B. im unteren linken Teil des berühmten, von drei Händen ausgeführten Gemäldes (Il Morazzone, Il Cerano, Giulio Cesare Procaccini: 1617/18, auf jeden Fall vor 1625), das in der Pinakothek des Castello Sforzesco in Mailand aufbewahrt ist, sowie in der *Madonna mit den Heiligen Franziskus, Karl Borromäus und Katharina von Alexandria* in den Uffizien in Florenz. Diese vergleichsweise herangezogenen Werke lassen auf eine nicht vor das Jahr 1620 fallende Datierung schließen. Ebenso aufschlussreich ist Giulio Cesare Procaccinis Festhalten an denselben beschreibenden Kategorien, was die Phasen der Kindheit und der frühen Jugend angeht.

Die Darstellungsweise des kindlichen Vorboten Christi, wie sie in diesem Gemälde ersichtlich erscheint, ist im Katalog von Cerano und seiner Schule fest etabliert. Den Beweis dafür findet man in der überreichen Anzahl verschiedener Versionen des Themas in der ehemaligen Sammlung von Alessandro Orsi in Mailand, in der gleichfalls in Mailand befindlichen Sammlung Koelliker sowie in der Sammlung Briganti und in einigen Exemplaren in den Auktionshäusern Pandolfini, Semenzato und Dorotheum.

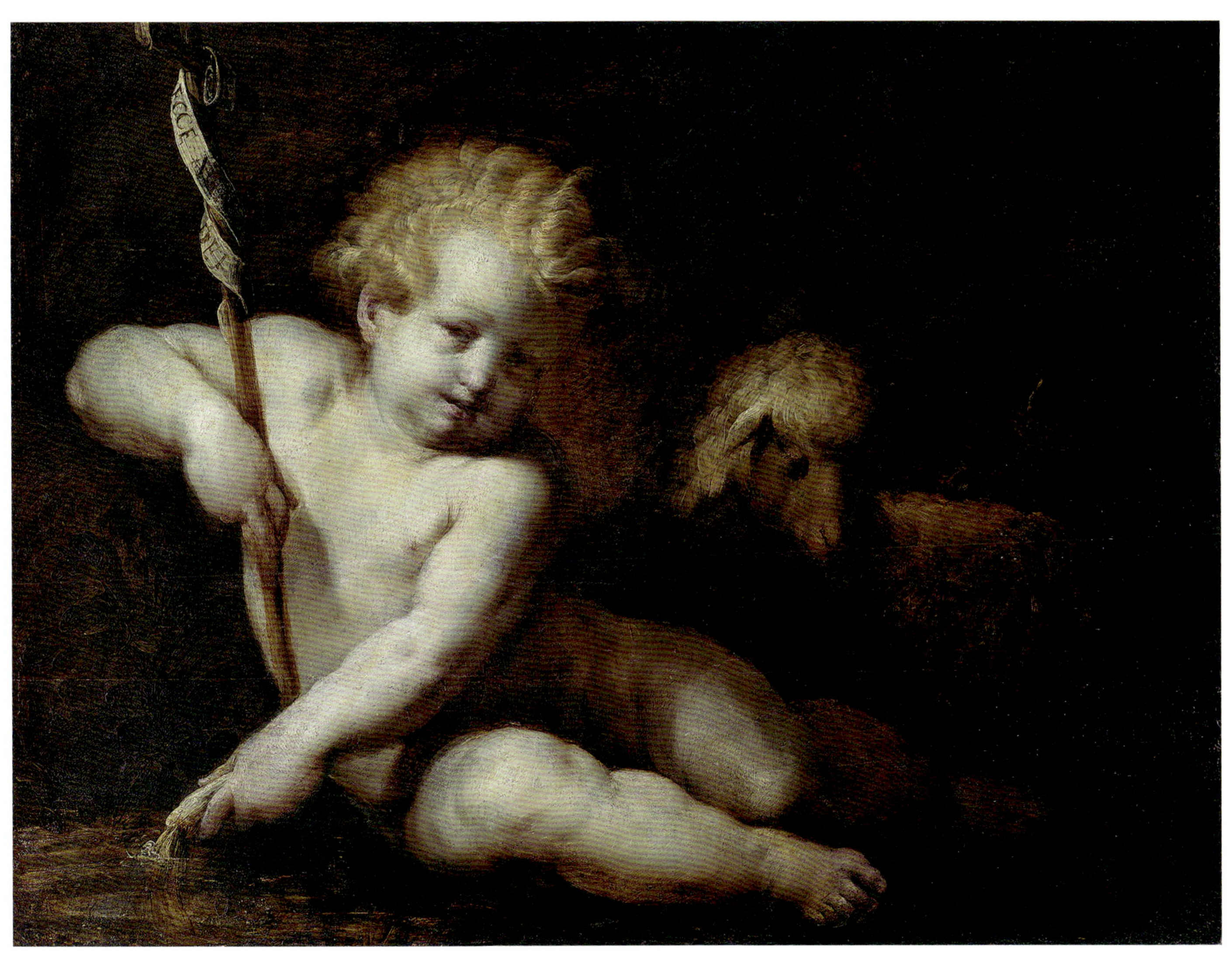

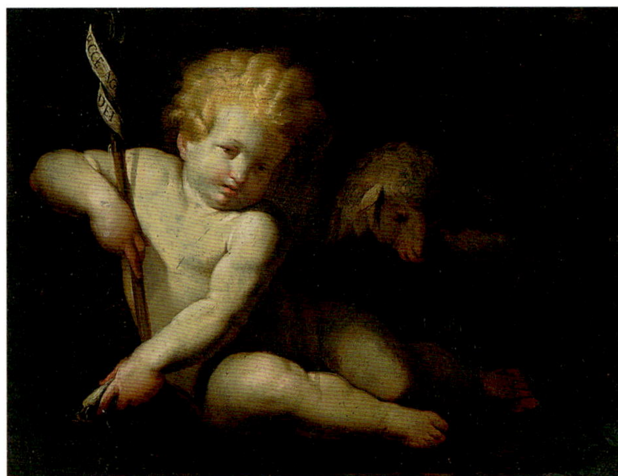

Abb. 1: Melchiorre Gherardini, zug., *Der hl. Johannes der Täufer als Knabe*. Bratislava, Slovenska Národná Galería

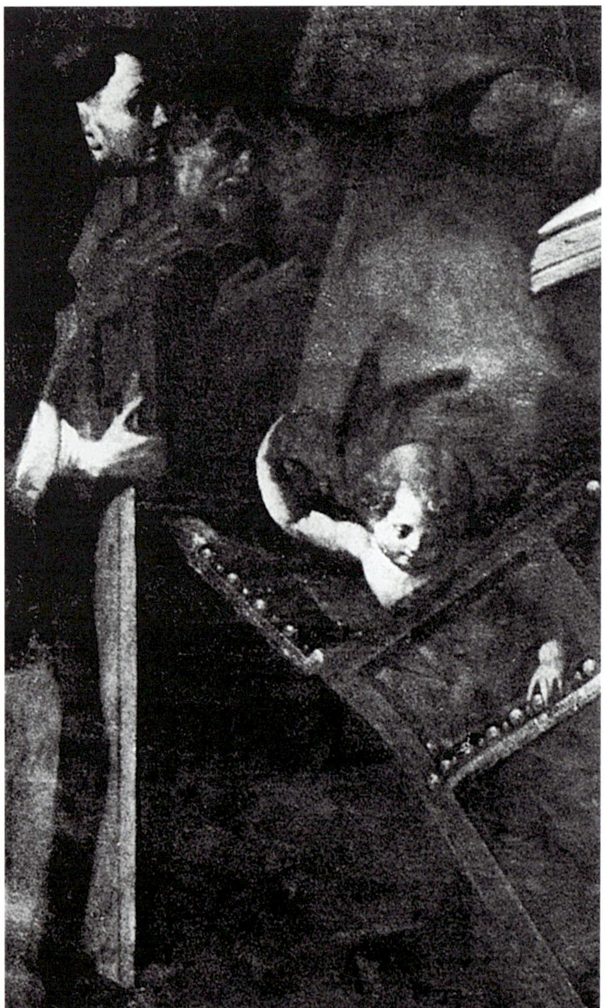

Abb. 2: Gerolamo Chignoli, *Der hl. Bonaventura schreibt das Leben von Franziskus von Assisi*. Mailand, Santa Maria del Paradiso (Detail)

Doch besonders nahe, ja minutiös dem Berliner Vorbild nachempfunden sowie fast identisch, was die Maße (43,3 x 58,1 cm) betrifft, ist die Tafel (**Abb. 1**) in der Slovenska Národná Galería in Bratislava (Inv. O 3265), für welche die Kuratoren des Katalogs der italienischen Malerei den Hinweis auf Melchiorre Gherardini akzeptiert haben (Ludiková, Buran 2013).

Angenommen, die Berliner Tafel wäre das Vorbild der slowakischen, bietet die zweite eine nahezu genormte Ausführung, ebenso aber auch skizzenhafte Akzente, wie die rötlichen Hände des Johannesknaben, die uns über die Lombardei hinaus in Richtung des benachbarten Liguriens von Bernardo Strozzi blicken lassen, ohne aber dass man eine bedingungslose qualitative Einbuße dafür in Kauf nehmen müsste.

Willkürlich angebracht ist das zarte Schattenmal auf der rechten Schulter des kindlichen Heiligen, als ob es durch das Halten des Stabes mit der rechten Hand entstanden wäre – dieses Element fehlt in der Berliner Version gänzlich. Nach der Reinigung und Restaurierung erscheinen die Hinweise für die Zugehörigkeit zum unmittelbaren Werk Ceranos überzeugender als die zuvor vermutete Urheberschaft Melchiorre Gherardinis, ein nicht minder kreativer Geist, dessen Stil aber – wie soll man sagen – puppenhafter und in den Konturen schärfer markiert erscheint. Der Verfasser denkt dabei an das *Martyrium des heiligen Sebastian* (wenn es denn von Gherardini stammt), dessen Existenz durch ein Bild aus der Fotothek Zeri (Universität Bologna) bezeugt ist, als das Gemälde in den 1990er Jahren auf dem Kunstmarkt von Brescia sich befand, oder an die *Jungfrau mit Kind und dem heiligen Johannes* unbekannten Standortes, die vorübergehend auf dem deutschen Kunstmarkt auftauchte.

Hingegen sind folgende Werke aus Gherardinis gesichertem Katalog hervorzuheben: Das in einer Privatsammlung in Varese befindliche Gemälde *Der heilige Sebastian, von Irene gepflegt*, sowie die kleinen Engel, die sich an den Insignien des Heiligen Karl Borromäus auf dem gleichnamigen Altarbild in der Kirche San Giovanni Battista in Melegnano ergötzen (von Bona Castellotti auf ca. 1630 datiert – 1985, Abb. 315), und vor allem der sitzende Knabe mit Hund im Vordergrund der monumentalen *Vermählung der Jungfrau* in der Kirche San Giuseppe bei Mailand (Bona Castellotti, Abb. 317, schlägt ein Datum nach 1632 vor – das Altarbild war 1629 Cerano in Auftrag gegeben worden und wurde 1632 von Gherardini „wahrscheinlich nach dem Entwurf des Meisters“ vollendet: Spiriti 2000).

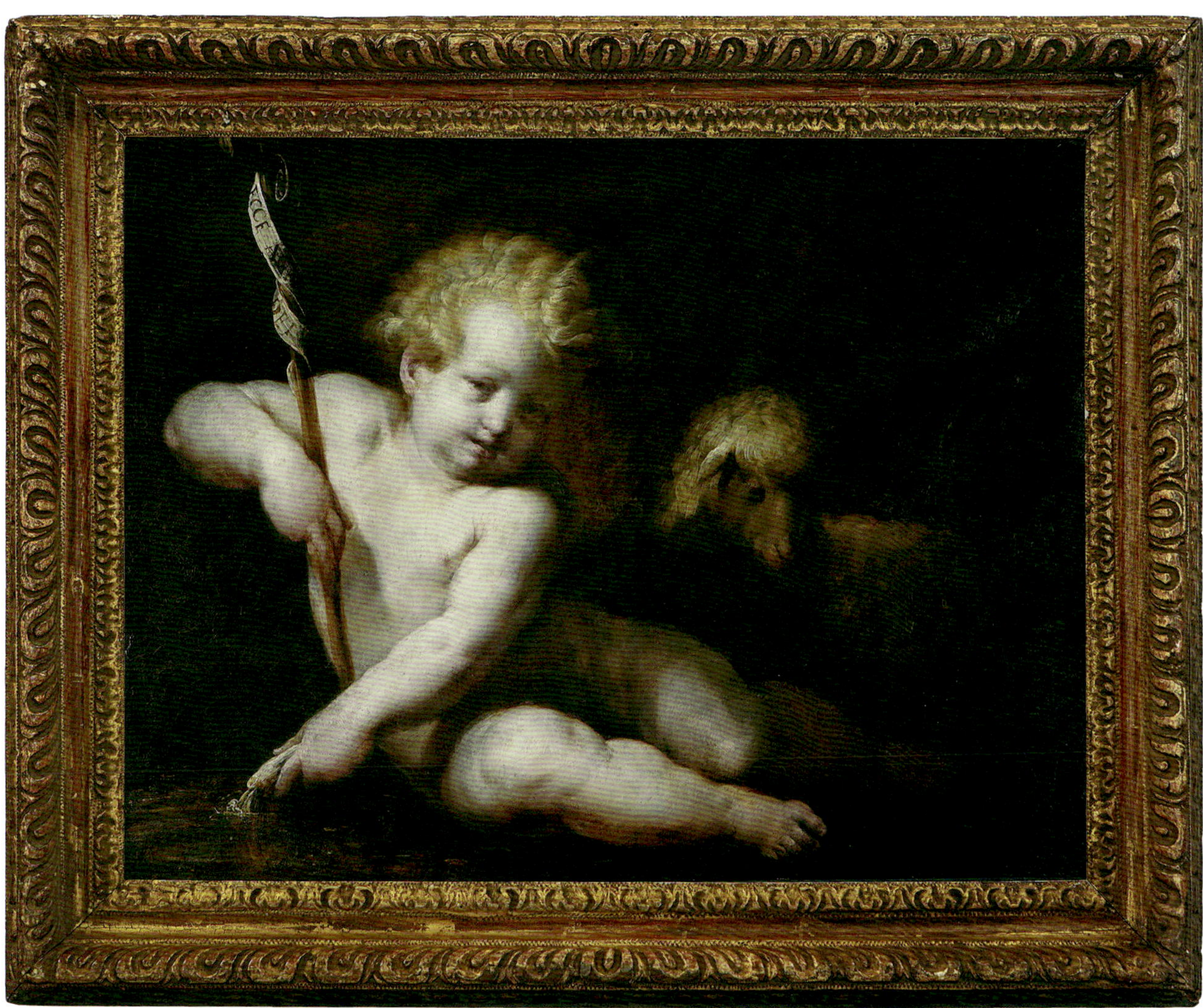

Abb. 3: Giovan Battista Crespi, genannt Il Cerano, zugeschrieben, *Der heilige Johannes der Täufer als Knabe*. Berlin, Staatliche Museen, Gemäldegalerie, im neuen Rahmen

Ein weiterer Nachfolger Ceranos, Gerolamo Chignoli, beweist in seinen besten Werken, dass er die Vorzüge des kleinen Berliner *Johannesknaben* zu würdigen weiß – dies zeigt sich insbesondere in dem großen signierten Altarbild mit dem Heiligen Bonaventura in der Kirche Santa Maria del Paradiso in Mailand (**Abb. 2**), für das Bona Castellotti (1985, Abb. 161) eine Datierung auf die Zeit um 1630 vorschlägt.

Literatur:

Gesamtverzeichnis 1996, S. 36, Abb. 2525; Rosci 2000, S. 245–246 Kat. 166, Abb. S. 246; Contini 2005, S. 75–80; Ludiková, Buran 2013, S. 242 ff.

Daniele Crespi
(Busto Arsizio oder Mailand, ca. 1597 – 1630 Mailand)

4 Der junge Tobias heilt seinen Vater

Pappelholz, 89 x 68,3 cm
ca. 1620–30
Berlin, Staatliche Museen, Gemäldegalerie, Dauerleihgabe Günter Leidner

Die Gemäldegalerie gewinnt durch die entscheidende Hinzufügung dieser Tafel ein neues Werk für die nahezu nichtexistente Abteilung der lombardischen Künstler des 17. Jahrhunderts (der Bestand beschränkt sich auf drei Werke, ein einziges davon ist ausgestellt), und nimmt eine der Hauptfiguren dieser Schule auf: Die Rede ist von Daniele Crespi.

Die Sammlung der Gemäldegalerie enthält – hierin leider ein exemplarischer Fall für die öffentlichen Kunstsammlungen in Deutschland – kein einziges Werk der großen Künstler um die Wende vom 16. zum 17. Jahrhundert: Ceranos herausragendes *Gelübde der Franziskanerheiligen* fiel dem Krieg zum Opfer, ebenso werden Gemälde Giulio Cesare Procaccinis und Morazzones vermisst. Mit der Aufnahme von *Der junge Tobias heilt seinen Vater* (nach einer berühmten Episode aus den apokryphen Schriften des Alten Testaments, Buch Tobias 11,13 ff.) beginnt für die Gemäldegalerie eine langsame Neubelebung, was die lombardischen Sammlungen des 17. Jahrhunderts, und insbesondere deren Protagonisten, angeht.

Mit Daniele Crespi (da leider Tanzio da Varallo, der zwar wiederholt für Mailand tätig war, aber aus den piemontesischen Alpen stammte, nicht zur Reihe der lombardischen Künstler gezählt werden kann) stellt man nun den bedeutendsten Künstler des dritten Jahrzehnts des 17. Jahrhunderts aus – Crespi war nur eine kurze Zeit beschieden, da er als knapp Dreißigjähriger verstarb.

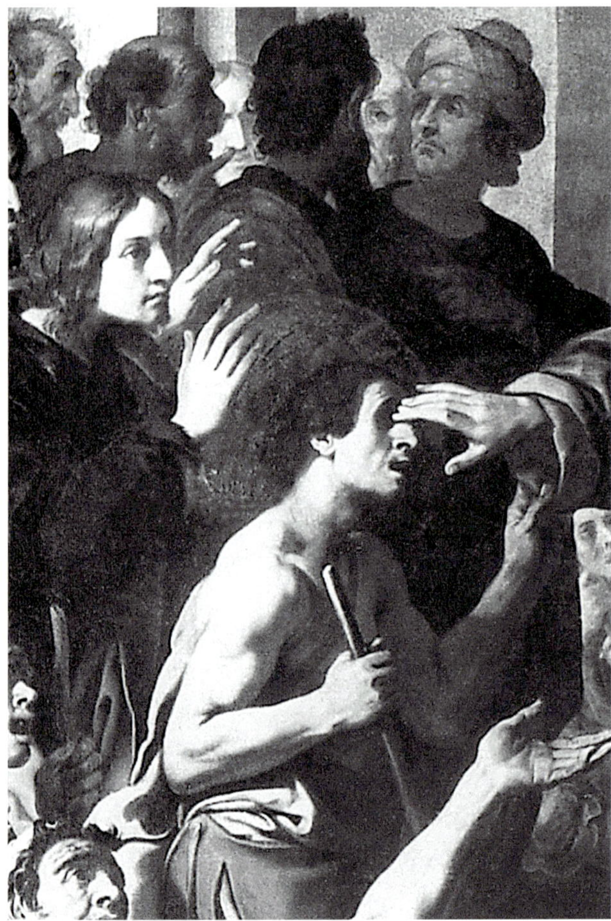

Abb. 1: Daniele Crespi, *Christus heilt den geborenen Blinden*. Pavia, Pinacoteca (Detail)

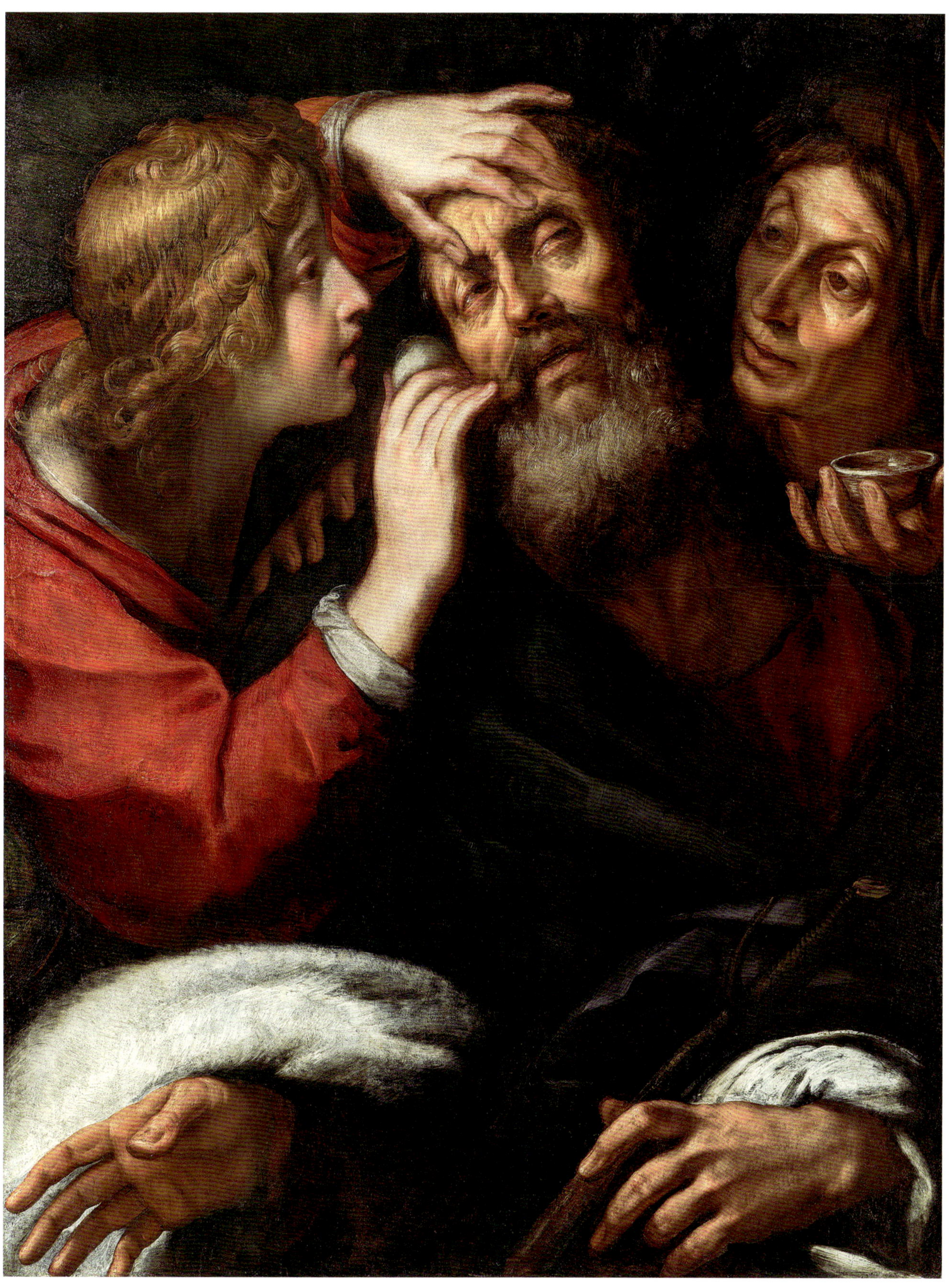

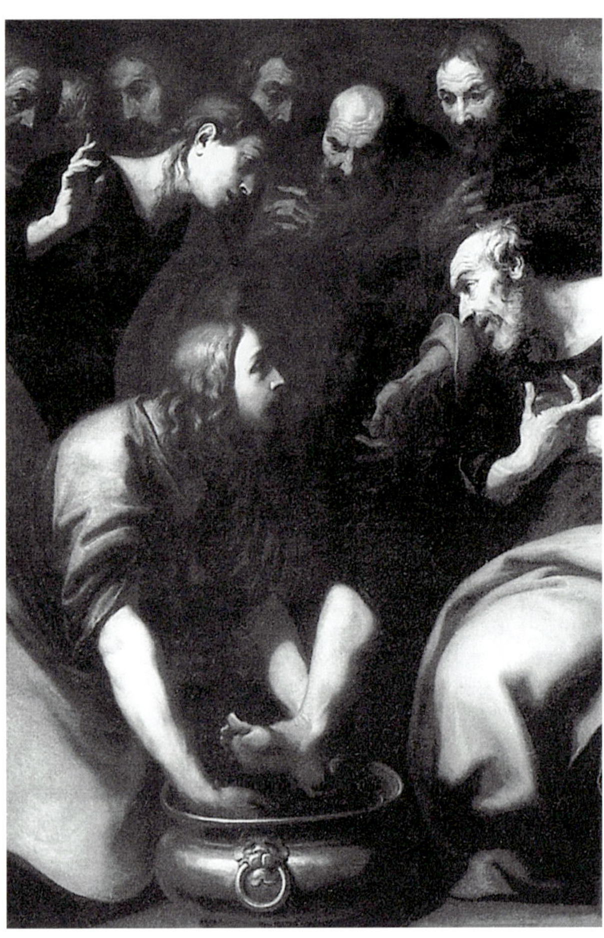

Abb. 2: Daniele Crespi, Orgelflügel, Mailand, Santa Maria della Passione (Detail der *Fußwaschung*)

Von Meistern ausgebildet, die seinem Niveau entsprachen, und zwar Cerano und Giulio Cesare Procaccini, orientierte sich Crespi vor allem an Ersterem, was den Einfluss des internationalen Manierismus auf den expressiven Aspekt in der Malerei angeht, indem er den Naturalismus in der Beschreibung intensivierte, jedoch ohne auf den Karikatur-Stil zu verzichten, der typisch ist für die Lombarden des 16. und 17. Jahrhunderts. Hingegen zeigen die schwülstige Dreidimensionalität und ein gewisses Pathos in der Ausführung den Einfluss Procaccinis. Das in Rede stehende Werk weist unterschiedliche Berührungspunkte mit dem großen Altarbild *Christus heilt den geborenen Blinden* auf, welches für das Hospital San Matteo in Pavia bestimmt war (und sich jetzt in der dortigen Städtischen Pinakothek befindet).

Um nur eine dieser Gemeinsamkeiten zu erwähnen, vergleiche man das Antlitz des blonden, langhaarigen Tobias mit den ihm gleichenden Gesichtszügen des in Staunen über das gerade stattfindende Wunder die Hände zum Himmel erhebenden Zuschauers zur Linken (**Abb. 1**). Auch in seinem Gebaren weist dieser eine psychologische Wesensverwandtschaft mit dem jungen Tobias des leidnerschen Gemäldes auf. Die Nuancen des Grotesken, welche die Originalität Crespis so stark kennzeichnen und die ihren Ursprung – ein Gleiches gilt für seinen Meister Cerano – wohl in der rudolphinischen Manier am Ende des 16. Jahrhun-

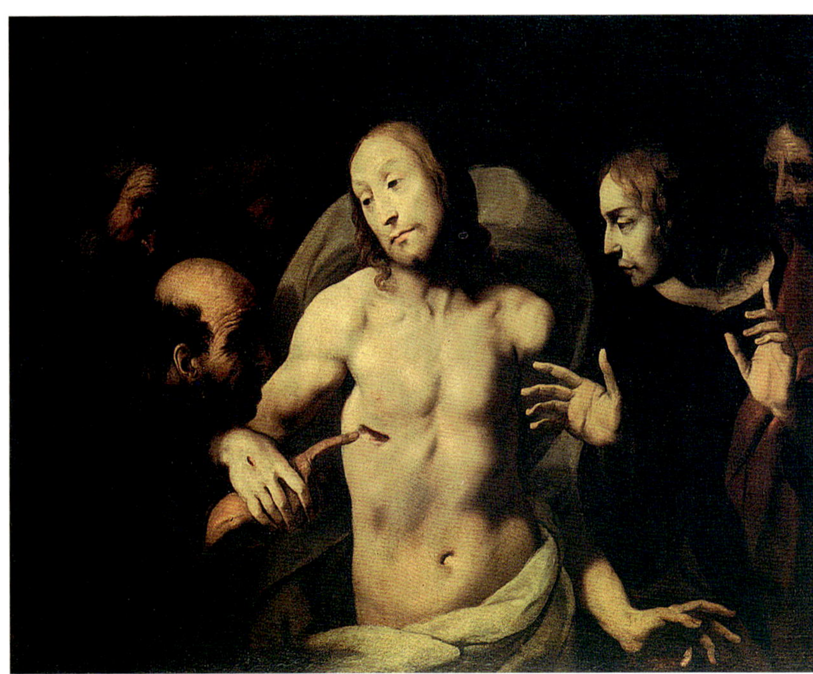

Abb. 3: Daniele Crespi, *Der ungläubige Thomas*. Privatsammlung

derts haben, wechseln sich ab mit einer gesteigerten Tendenz zur naturalistischen Darstellung. Bereits in der leidnerschen Tafel bescheideneren Ausmaßes weist das knochige Gesicht der Anna, der Mutter des Tobias, die in der rechten oberen Ecke des Werkes in stilisierter Form festgehalten ist, darauf hin.

Als deutlicher Präzedenzfall für exzentrische Künstler wie die Veneter Pietro Vecchia und Antonio Carneo findet diese Art der Darstellung von Greisenantlitzen eine Entsprechung in der Ausführung der mürrischen Abra, die in dem Gemälde *Judith die Rächerin* neben der Heldin steht. Dieses Werk wurde bei Sotheby's in Florenz unter dem Namen Giulio Cesare Procaccinis zur Versteigerung angeboten (25.11.1980, Los 220, Öl auf Leinwand, 100,5 x 130 cm: Neilson 1996, S. 65 Kat. 81, 134 Abb. 7B). Was die Darstellungsweise der Antlitze angeht, ergeben sich immer wieder Überschneidungen; es genüge, den Jesus der *Fußwaschung* in der Kirche Santa Maria della Passione in Mailand zu nennen (Darstellung auf der äußeren Seite der Orgelflügel, Öl auf Leinwand, je 600 x 205 cm), dessen Gesicht dem Modell des Tobias entspricht, wiewohl es weniger jugendliche Züge trägt (**Abb. 2**).

Zahlreiche Berührungspunkte, was die Charakterisierung der Figuren betrifft, sind in der langgestreckten und manchmal flach-quadratisch anmutenden Struktur der Fingerglieder zu finden – dies ist ein echtes crespisches Leitmotiv. Diese Manier ist leicht erkennbar in dem *Ungläubigen Thomas* aus einer Privatsammlung (Neilson 1996, S. 61 Kat. 60, 111 Farbtafel XIX: Öl auf Leinwand, 117 x 148,5 cm: **Abb. 3**), in der *Ekstase der heiligen Johanna von Valois* in der Kirche Santissima Annunziata del Vastato in Genua, sowie in den *Heiligen Petrus und Paulus* in der Pinacoteca di Brera (Reg. Chron., Nr. 972: Öl auf Leinwand, 45 x 55 cm). Solcherart gestaltete Fingerglieder, sowie platte Nasen tauchen – nach den erhaltenen alten Fotografien zu urteilen – ebenfalls im *Porträt eines alten Adligen* (Kat. Nr. 408A) auf, das während des Krieges zum Opfer fiel (siehe den Essay im Katalog).

Literatur:

Wien, Dorotheum, 28. März 1944, Los 14, Tafel 4 („Bolognesischer Maler des späten 16. Jahrhundert aus dem Kreis des Guercino"); Wien, Dorotheum, 3. Oktober 1944, Los 7 („Bolognesischer Maler des späten 16. Jahrhundert aus dem Kreis des Guercino"); München, Neumeister Kunstauktionshaus KG, Auktion 206, 9./10. Dezember 1981 (Freiwillige Versteigerung aus verschiedenem Besitz), S. 121, Los 1197, Tafel 150: „Italien (Giovanni Andrea de' Ferrari – Kreis?), um 1600".

Francesco Cairo
(Mailand 1607 – 1665 Mailand)

5 Der Traum des heiligen Joseph

Nussbaumholz, 42,2 x 29cm
ca. 1630
Provenienz: aus den königlichen Schlössern
Berlin, Staatliche Museen, Gemäldegalerie, Kat. Nr. 355

Aus den königlichen Schlössern in Preußen stammend, ist diese kleine Tafel bisher das einzige Werk des lombardischen 17. Jahrhunderts, welches in die Dauerausstellung gelangt ist. An derselben Wand wie *Der junge Tobias heilt seinen Vater* von Daniele Crespi (Kat. 4) und *Der heilige Johannes der Täufer als Knabe* aus dem Umkreis von Cerano (Kat. 3) in dieser Schau präsentiert, ist mit diesem Werk der Bereich – in all seiner Knappheit – praktisch vollständig.

Das prächtige *Porträt von Lorenzo Tironi* (Kat. Nr. 2222: Öl auf Leinwand, 99 x 75 cm; gestiftet 1958: **Abb. 1**) wartet noch auf eine Restaurierung. Es handelt sich um ein Werk aus der Mitte des Jahrhunderts, das aus dem italienischen Nordwesten stammt und wahrscheinlich eher piemontesischer (aus dem Gebiet um Novara – laut der Inschrift auf der linken Seite der Leinwand, war das Modell Erzpriester der Kathedrale von Novara – also lombardisch *par excellence*) als mailändischer oder allgemeiner lombardischer Herkunft ist.

Die herausragende Rolle, die das von Günter Leidner als Schenkung in Aussicht gestellte Gemälde von Crespi in diesem Zusammenhang einnimmt, wird ohne explizite Erklärung deutlich; ein neuer Name – und was für ein Name – in einem sehr kleinen, unterrepräsentierten Bereich einer Galerie mit universalistischem Anspruch. Das Gemälde Francesco Cairos, das ehemals – wie eine Inschrift auf der Rückseite beweist – als ein Werk Correggios galt, wurde von Österreich (1773, S. 25) im Palais de Sans-

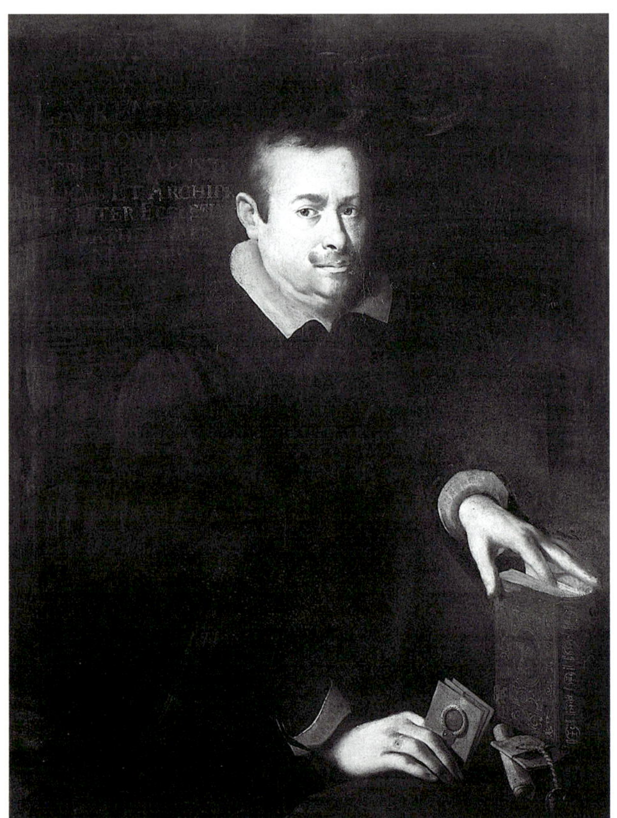

Abb. 1: Maler aus dem östlichen Piemont? *Porträt von Lorenzo Tironi*. Berlin, Staatliche Museen, Gemäldegalerie (Kat. Nr. 2222)

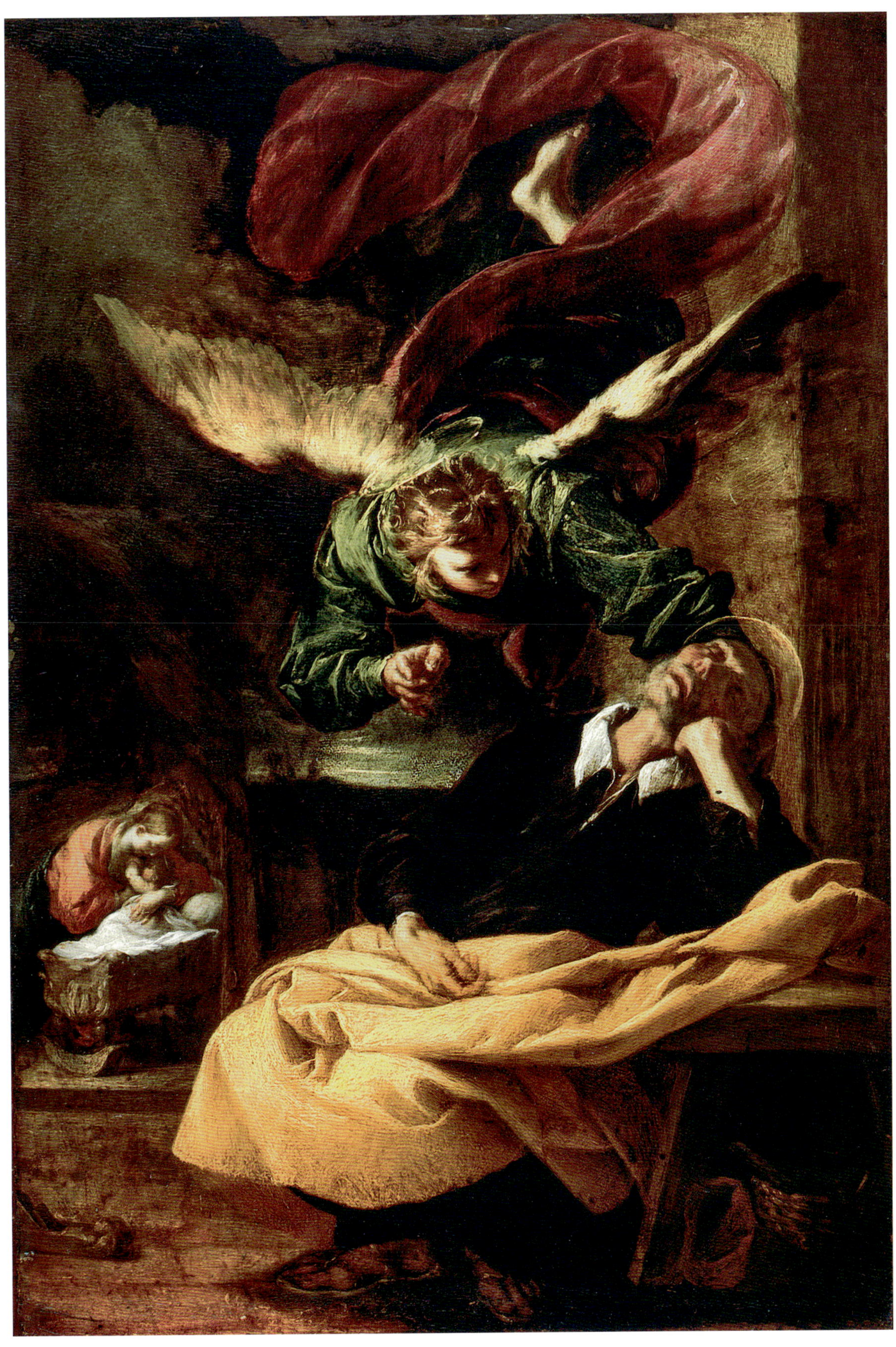

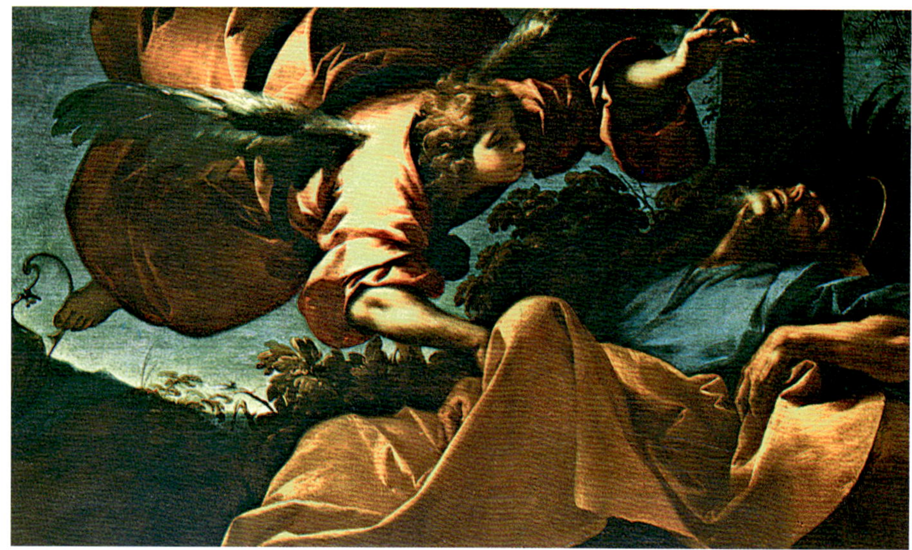

Abb. 2: Francesco Cairo, *Der Traum des Elias*. Mailand, Sant'Antonio Abate (Detail)

souci in Potsdam mit einer relativ genauen Verortung, was die Entstehungszeit und den Herkunftsort angeht, erwähnt. Seine Erwägungen legten eine Zuschreibung an Giulio Cesare Procaccini nahe, die sich bis ins 19. Jahrhundert hielt.

Seit Nicodemi (1922, S. 16) veränderte sich die Zuordnung innerhalb der lombardischen Schule, und das Werk wurde vorzugsweise mit Pier Francesco Mazzucchelli, bekannt als Morazzone, in Verbindung gebracht. Erst mit Testori (1952, S. 36; 1955, S. 60) wurde die korrekte Autorschaft endgültig wiederhergestellt: Die Rede ist vom jungen Francesco Cairo (um 1630).

Als Künstler von großer stilistischer Vielseitigkeit, der mit prächtigsten Ausschmückungen unentschuldbare Schlampereien zu verbergen vermochte, fallen Cairos wertvollste Darstellungen in seine frühe Phase um 1630, zu der Gemälde gehören, die in Stil und emotionaler Formsprache mit dem Exponat der Gemäldegalerie in einer Einheit zu lesen sind.

Dies gilt insbesondere für die *Anbetung Jesu im Garten* in der Galleria Sabauda in Turin, für die *Opferung Isaaks* in einer Privatsammlung aus dem Gebiet um Piacenza und vor allem für den rechteckigen, langgezogenen *Traum des Elias* (**Abb. 2**), der über der *Anbetung der Heiligen Drei Könige* von Morazzone, im rechten Querschiff der Kirche Sant'Antonio Abate in Mailand, hängt.

Durch einen glücklichen Zufall ist in dieser Kirche auch das Altarbild mit der *Ohnmacht des seligen Andrea Avellino* aufbewahrt. Dieses mit Lichteffekten, die das Wunderwirken des Heiligen heraufbeschwören, gesättigte Werk, kann spätestens auf 1632 datiert werden – laut einer einst an der Kirchenfassade angebrachten und jetzt verlorenen Tafel markiert dieses Datum das Ende der Dekorationsarbeiten am Gebäude.

Der nach vorn gebeugte Heilige weist Ähnlichkeiten mit der Haltung des Berliner *Joseph* auf und erinnert an römische diagonal abgebaute Altarbilder, wie sie von Vouet und Lanfranco in den 1620er Jahren populär gemacht wurden. In diesem Stadium seiner Karriere scheint Cairo noch immer mit den für Morazzones Schaffen typischen Merkmalen behaftet zu sein, auf die er seine Begabung für die Kreierung von naturalistischen Hell-Dunkel-Kontrasten und formaler Rundheit überträgt. Er bleibt jedoch der neo-manieristischen Manier verpflichtet, die sich in schwindelerregenden perspektivischen Verkürzungen und ausgeprägter Originalität ausdrückt, manchmal auch in der Darstellung einer traumhaft anmutenden Realität, die den Lombarden – trotz seines Vorsprunges ihnen gegenüber – mit Venetern wie Maffei, Toskanern wie Mazzoni und Ricchi, sowie spanischen Visionären wie Valdés Leal oder Herrera dem Jüngeren vergleichen lassen.

Signum dieses etwa 25 Jahre alten Cairos ist gewiss der merkwürdige fliegende Engel, eine Art rot-grüner *Pteropus giganteus*, der eine entschiedene Kontinuität zu den bereits erwähnten Mailänder Werken von Sant'Antonio Abate aufweist, sowie mit den Lichteffekten in verkürzender Vogelperspektive, die den unbequem liegenden, jeglicher Stütze baren schlafenden *Joseph* charakterisieren.

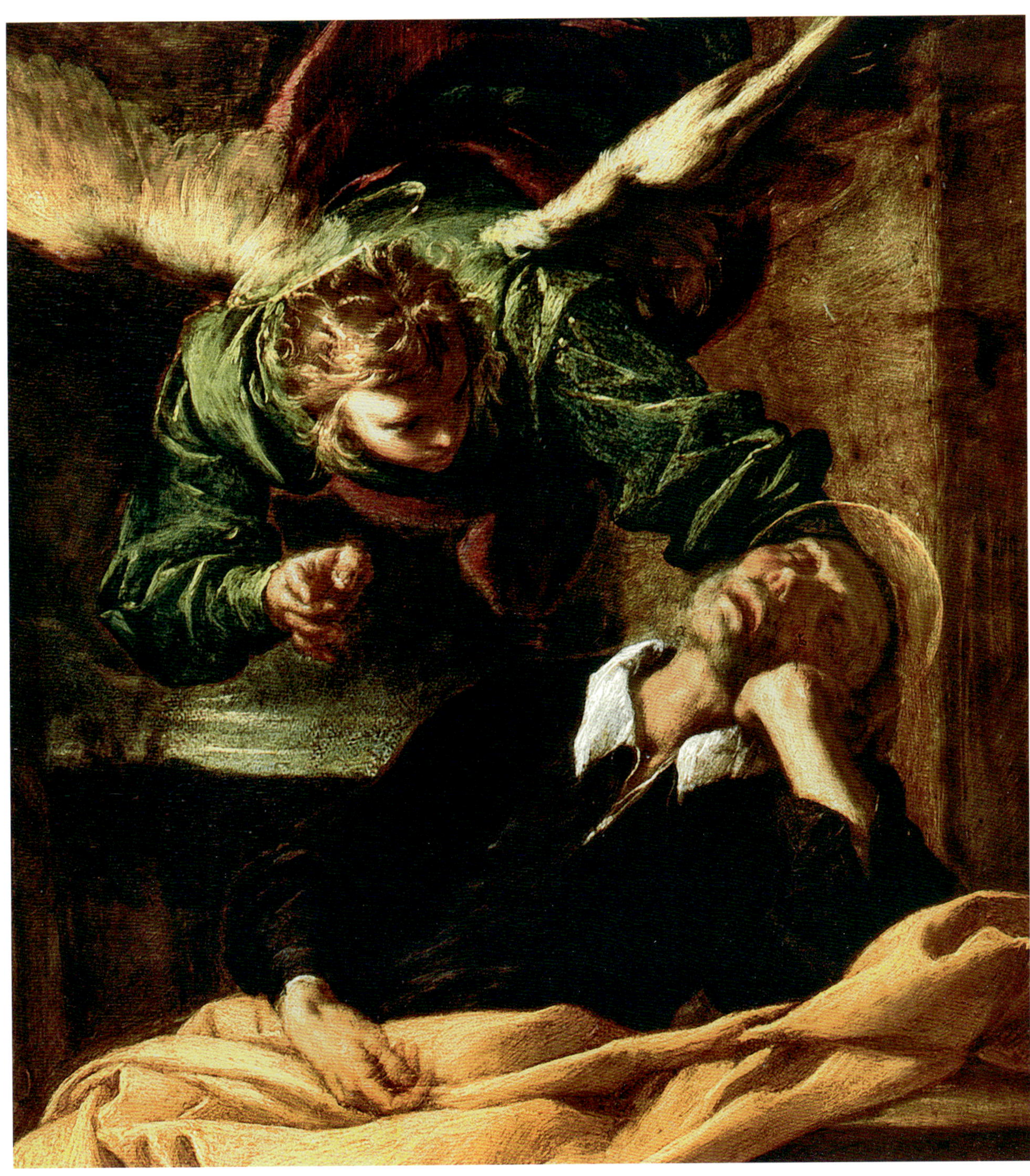

Als vorzüglicher Künstler der Lombardei des 17. Jahrhunderts, zumindest bis kurz nach 1640, erlangt Cairo einen umso symbolischeren Wert für die Zeit nach Morazzone, als er in einem Umfeld von ebenfalls bedeutenden Künstlern wie den Brüdern Montalto heraussticht.

Literatur:

Österreich 1773, S. 25; Waagen 1830, S. 91 Nr. 346; Nicodemi 1922, S. 16; Testori 1952, S. 36; Testori 1955, S. 60; L. Basso, in: Varese 1983, S. 102–103 Kat. 11, Taf. VIII in Farbe; *Gesamtverzeichnis* 1986, S. 20, 471 Abb. 1353; *Gesamtverzeichnis* 1996, S. 26, Abb. 2487; Frangi 1998, S. 55, 233-234 Kat. 8, Abb. 11, Taf. III in Farbe.

Antonio Zanchi, zugeschrieben
(Este 1631 – 1722 Venedig)

6 Die Verstoßung der Hagar durch Abraham

Öl auf Leinwand, 121 x 100,5 cm
ca. 1670–77
Privatbesitz

Dieses bis dato unbekannte Gemälde, dessen genaue Urheberschaft noch zu klären ist, wurde von den Eltern des jetzigen Eigentümers 1972 in Montevideo erworben. Das Werk wurde vorsichtig der italienischen Schule des 17. Jahrhunderts zugeordnet. In einer schriftlichen Mitteilung Peter Eikmeiers von den Bayerischen Staatsgemäldesammlungen an den Vater des Besitzers wurde es, was seine Ausführung angeht, im Rahmen einer allgemeineren Zugehörigkeit zu Caravaggios Umfeld, auf die genuesische und neapolitanische Schule eingegrenzt. Die Nähe zur venezianischen Malerei der zweiten Hälfte des 17. Jahrhunderts, und zwar zum Umfeld von Ruschi und insbesondere von Zanchi, ist jedoch offensichtlich. Dieser Standpunkt wurde unmittelbar (in einem Schreiben vom 9. November 1987) von Gerhard Ewald, einem anerkannten Fachmann, unterstützt (Eikmeier hatte bereits dazu geraten, Ewalds Ansichten diesbezüglich zu berücksichtigen).

Ewald hatte sich jedoch, was den zeitlichen Rahmen betrifft, für das frühe 18. Jahrhundert entschieden, in starker Anlehnung an das Werk von Sebastiano Ricci oder von Antonio Balestra. Für den hier Schreibenden scheinen die genannten Bezüge auf eine Modernität zu weisen, die der Stil Lügen straft, da der erwünscht monumentale Charakter der Ausführung, der von der hoch aufragenden Gestalt der Hagar mit ihrem gedrungenen Sprössling bis zu Abraham in feurigem Rot, dessen Geste nur dem Anschein nach herrisch ist, in seiner Intensität fortschreitend abnimmt.

Noch monumentaler ist, dank der Position im Hintergrund, die Gestalt der greisen Sara, die beinahe im Halbschatten versinkt, aus dem nur ihre linke Hand (an der merkwürdige, sehr lange Fingerglieder auffallen), in Licht getaucht, hervorragt. Eine idiosynkratische Formel, die noch Bezüge zur Manier von Antonio Zanchi zeigt, während die Halbfigur des Jungen in Rückansicht (handelt es sich um Isaak?) im Vordergrund des Gemäldes, mit den ausgehöhlt wirkenden und geometrische Formen nachahmenden Gewändern (graues Hemd und tabakfarbener Schal) eher noch an die Eigenarten der Darstellungsweise von Francesco Ruschi erinnert – genau der römische Maler, der Zanchis Meister war. Die Beziehung zu Ruschi findet in Wahrheit ihren Abschluss in der Monumentalität der Jungfrau in dem Altarbild, das die *Jungfrau mit den Heiligen Matthäus, Franziskus und Helena* darstellt und sich in der Kirche San Pietro di Castello in Venedig befindet, bzw. in der Figur der Ursula im Altarbild der *Heiligen Ursula und Magdalena*, das in der Kirche delle Terese, ebenfalls in Venedig, ausgestellt ist.

Die Ansicht des Gesichts der Hagar erinnert ein wenig an den Engel am oberen Rand des Gemäldes von Girolamo Forabosco in der Kirche San Nicolò ai Tolentini *Der heilige Bischof Magnus führt das Modell der Kirche des heiligen Zacharias vor*. Will man die hier ausgestellte hervorragende Malerei wirklich dem Einflussbereich Zanchis zuschreiben, darf man die Beziehungen zu den Künstlern, die mit diesem langlebigen Meister eng verbunden waren, nicht übersehen. Eine sehr ähnliche, wenn auch vielleicht etwas weniger geschickte Hand ist der Urheber eines *Vertumnus und Pomona*, das als Werk eines norditalienischen Malers aus der Mitte des 17. Jahrhunderts im Hessen Kassel Heritage, Gemäldegalerie Alte Meister, aufbewahrt wird (Inv. GK 1052, Leinwand, 142,5 x 118,5 cm). Nahezu symmetrisch zu der hier besprochenen Hagar konzipiert, ist die Figur der Pomona sitzend dargestellt, mit kontrastreicheren, aber sehr ähnlichen Gesichtszügen, und ebenfalls in Begleitung einer vermeintlichen älteren Frau im Halbdunkel, die aber niemand anderes ist als der verkleidete Verehrer der Pomona, Vertumnus. Dieses wahre Signum in der Darstellung der

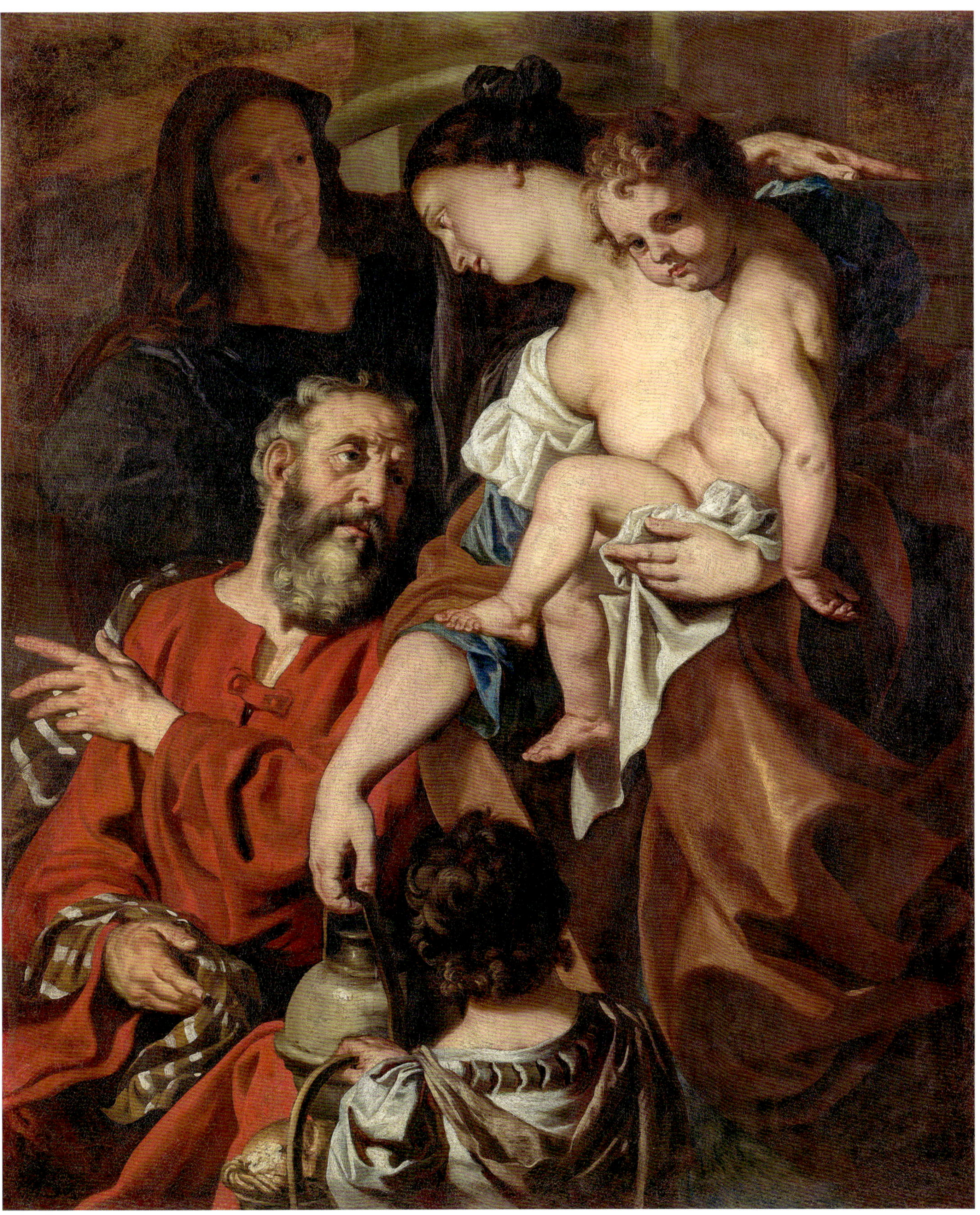

Gesichtsmerkmale kehrt, wiewohl in gesteigert expressionistischer Form, in der *Jungfrau mit Kind* von Giuseppe Alberti aus Fleims (Bozen, Stadtmuseum) wieder. Alberti selbst ist, was den Stil dieser verstoßenen Hagar angeht, eine Schlüsselfigur, und man kann zumindest auf den *Heiligen Vigilius* von 1673, im Tridentinischen Diözesanmuseum in Trient ausgestellt, verweisen, um in dem blondlockigen Engel (**Abb. 1**), der sich im Vordergrund niederbückt – eine entschieden vouetianische Erscheinung – einen Spielgefährten für den leicht schmollenden Ismael zu erkennen, der schwer am linken Arm seiner Mutter hängt.

Der Autor dieser *Verstoßung der Hagar* – ein vom Stil her neues Gemälde im Venedig der zweiten Hälfte des 17. Jahrhunderts – zeigt, dass er sich auf eine Vielzahl von Quellen gestützt hat, sowohl aus seiner eigenen Zeit als auch aus vergangenen Generationen. Was letztere angeht, ist das Altarbild des Strozzi-Nachfolgers Ermanno Stroiffi in der venezianischen Kirche dell'Ospedaletto (eine *Jungfrau mit Kind und den Heiligen Johannes der Täufer, Antonius und Jakob*, signiert und datiert 1652), insbesondere für die Darstellung der Jungfrau als Gegenstück zu Hagar, ein wichtiger Präzedenzfall.

Gewiss flüchtig ist die Beziehung der Hagar zur Figur in der Mitte von Giulio Carpionis *Allegorie des Podestà Vincenzo Dolfin* (1647), im Städtischen Museum von Vicenza, während eine glaubwürdigere Inspiration aus Werken von Pietro Liberi zu stammen scheint, so *Die Predigt des Heiligen Franz Xaver an die Jesuiten* (man achte auf das Motiv des Knaben in Rückansicht), und vor allem die Jungfrau im Profil (die mühelos mit der Figur der Hagar in Verbindung zu bringen ist), die ganz oben in der *Glorie des Heiligen Antonius von Padua* (Padua, Basilica del Santo) aus dem Jahr 1665 dargestellt ist – ein Gemälde, das Liberi in Zusammenarbeit mit seinem Sohn Marco schuf.

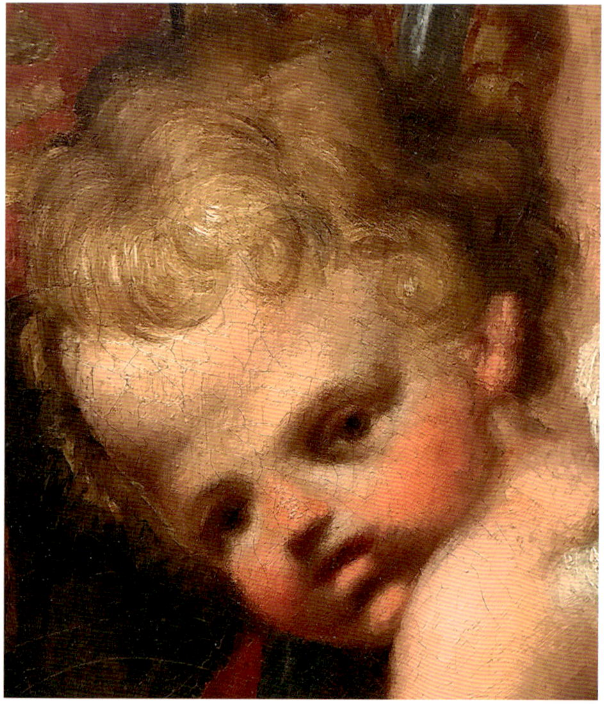

Abb. 1: Giuseppe Alberti, *Der Heilige Vigilius von Trient*. Trient, Museo Diocesano Tridentino (Detail)

Nur am Rande sei auf die wenigen Berührungspunkte mit anderen Protagonisten des Veneto der zweiten Hälfte des 17. Jahrhunderts eingegangen (der Spezialist für Lichteffekte Ludovico David, der gemäßigte, selbstbeherrschte Girolamo Pellegrini, der Veroneser Alessandro Marchesini sowie Louis Dorigny). Man kann aber nicht umhin, darauf zu bestehen, die Darstellungsweise der *Verstoßung der Hagar* mit der des produktivsten aller Veneter jener Zeit, und zwar Antonio Zanchi, zu vergleichen, ohne jedoch die Gemeinsamkeiten mit dem Stil des weniger gefeierten Antonio Fumiani, einem stillen Protagonisten des venezianischen Barocks, zu übergehen. Wiewohl der vornüber gebeugte Oberkörper der Jungfrau in Fumianis *Jungfrau mit Heiligen* aus dem Jahr 1668 in der Kirche San Beneto in Venedig als ein Zufall – wenn als Vergleichselement zur Figur der Hagar herangezogen – erscheinen mag, darf man sich eine engere Beziehung zwischen dem Paar Hagar und Ismael und der stehenden Frau mit Kind links in Fumianis *Darstellung Jesu im Tempel*, aufbewahrt im Dom von Padua, vorstellen.

Durchlässige Bilderwelten, wie man sie sich – vielleicht mit umgekehrter Zeichensetzung, was Geben und Nehmen angeht – dank dem Anblick der berühmten Decke der Kirche San Pantalon in Venedig (1684–1704) vorstellen kann: Hier ist zumindest das Paar *Jesus und die Ehebrecherin* in Gedanken festzuhalten.

Obwohl das Gemälde eine Art Nagelprobe für die verschiedenen Stile ist, die im letzten Drittel des 17. Jahrhunderts in der Serenissima koexistierten, und welche in besagtem Werk zugegebenermaßen ausgezeichnet zusammengefasst erscheinen, ist der angemessenste Zuschreibungsadressat für die *Verstoßung der Hagar* – um es ein letztes Mal zu sagen – der Meister der weitläufigen Ausführungen und der nuancierten Helldunkel-Kompositionen, Antonio Zanchi, in dem die stilistischen Züge seines Meisters Ruschi zwar hervortreten, aber gänzlich ohne dessen geometrisierende Tendenzen, Trockenheit und stereotypen Schematismus. Ein

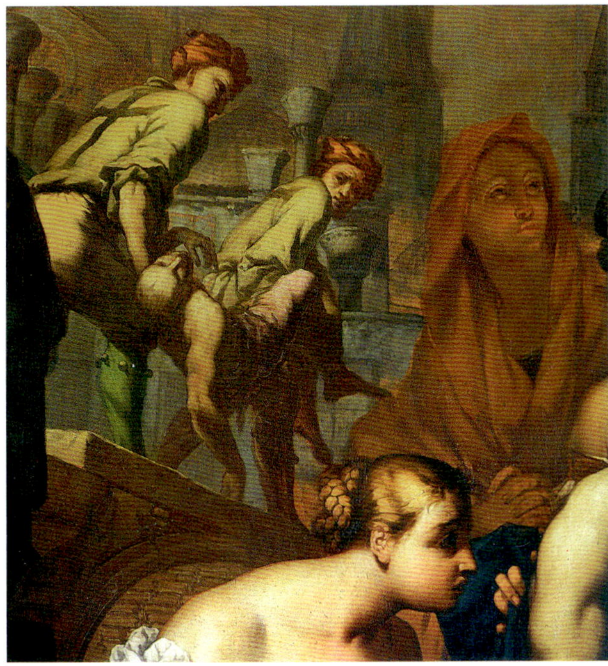

Abb. 2: Antonio Zanchi, *Die Pest in Venedig im Jahr 1630*. Venedig, Scuola Grande di San Rocco (Detail)

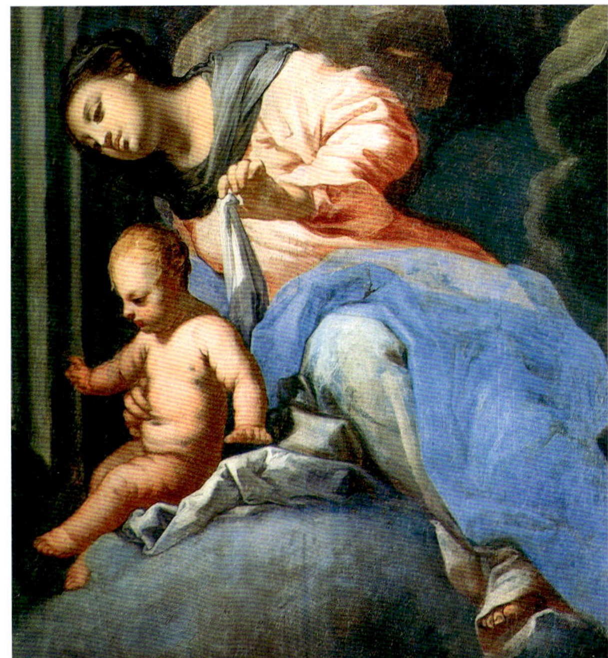

Abb. 3: Antonio Zanchi, *Verherrlichung des Podestà Antonio Loredan*. Rovigo, La Rotonda (Detail)

fast entscheidendes Element ist das greisenhafte Gesicht Saras im Halbdunkel dieses unveröffentlichten Gemäldes, wenn man es mit dem der verschleierten Frau auf der großen Leinwand der *Pest in Venedig im Jahr 1630* (1666) vergleicht, die sich auf der rechten Treppe in der Scuola Grande di San Rocco befindet, einem Meisterwerk des Malers aus Este (**Abb. 2**). Es erweist sich als hinreichend, aus Zanchis umfangreicher Produktion einige wenige Stücke herauszugreifen, um eine Ähnlichkeit zwischen diesen Fragmenten, wenn auch wahrscheinlich noch keine eindeutige Identität des Urhebers zu behaupten. Man denke an die *Verherrlichung des Podestà Antonio Loredan* (aus dem Jahre 1673), in der Kirche La Rotonda von Rovigo ausgestellt, in der die Haltung der Jungfrau (**Abb. 3**) derjenigen Hagars stark ähnelt, oder an den *Joseph stellt seinen Vater und seine Brüder dem Pharao vor*, der sich in der Residenz in München befindet: Hier weist die rechte Hand Josephs eine auffallende Ähnlichkeit mit der rechten Hand der Dienerin Sarahs auf. Weiter bezieht sich das Paar Hagar und Ismael in gewisser Hinsicht auf die Jungfrau mit Kind in einem anderen Gemälde aus Rovigo von Zanchi; die Rede ist von der *Verherrlichung des Podestà Verità Zenobio* aus dem Jahre 1682.
Zusammenfassend lässt sich sagen, dass der Autor dieses bemerkenswerten Themas aus dem Buch Genesis sich parallel zu einem der erfolgreichsten Künstler Venedigs in der zweiten Hälfte des 17. Jahrhunderts (und darüber hinaus) bewegt – und zwar Zanchi –, ohne dabei Gemeinsamkeiten, die man als rein zufällig bezeichnen könnte, mit einem zweitrangigen Anhänger Zanchis, Giuseppe Alberti aus Fleims, zu verbergen.
Andere Parallelen zu einem moderneren Künstler wie Antonio Molinari, vor allem in der *Wundersamen Vermehrung der Brote und Fische* (um 1675–97) in der Kirche San Pantalon in Venedig, aber auch in der *Mutter der Gracchen* (in einer Privatsammlung in Bologna) und der Figur der Maria Magdalena im *Gastmahl im Hause des Pharisäers* in der Kirche der Heiligen Magdalena in Treviso, würden dazu verleiten, die *Verstoßung der Hagar* als ein frühes Werk von Molinari selbst anzusehen – dies wäre jedoch nur eine launenhafte Alternativlösung zu einer viel konsequenteren Bewertung des Gemäldes als ausgezeichnetes Werk von Zanchi. In Anbetracht des Mangels an brauchbaren Vergleichen sollte man den Impuls zügeln, den schmalen Katalog von Giuseppe Alberti durch dieses wichtige Element bereichern zu wollen.

Literatur:
unveröffentlicht

Antonio Zanchi
(Este 1631 – 1722 Venedig)

7 Samson und Delilah

Öl auf Leinwand, 128 x 213,5 cm
ca. 1670–80
Berlin, Staatliche Museen, Gemäldegalerie, Dauerleihgabe Günter Leidner

Ein geeigneter Bezugspunkt für diese große Leinwand des produktivsten der sogenannten venetischen „tenebristi" („Düstermaler") ist das riesige Gemälde (775 x 980 cm), das in der Apsis der venezianischen Kirche San Zaccaria ausgestellt ist, welche der *Prozession zur Übertragung der Reliquien der Heiligen Pankratius und Sabine* gewidmet ist. Das Ereignis, das 1595 stattfand, wurde fast hundert Jahre später (im Jahre 1684) vom Atestiner Zanchi in Form einer dicht gedrängten Erzählung wiedergegeben, die von einer sehr abwechslungsreichen Farbpalette und einem großartigen erzählerischen und landschaftlichen Impetus getragen wird. Im Mittelpunkt steht ein trapezförmiges Vordach, über das der Künstler den Oculus, ein Element der ursprünglichen architektonischen Struktur, in die figurative Fiktion integriert hat. Der Stil, in dem die Gestalten dargestellt sind, die den amtierenden Bischof auf der linken Seite des Gemäldes umgeben, deckt sich mit dem einiger der von Zanchi im leidnerschen *Samson und Delilah* eingeführten Figuren – das hier in Rede stehende Werk.

Um einen kurzen Überblick über verwandte Modelle zu gewähren, lohnt es sich, zumindest das weitläufige Gemälde *Moses schlägt Wasser aus dem Felsen*, das sich in der bergamaskischen Basilika Santa Maria Maggiore befindet und dessen Anwesenheit seit 1668/70 belegt ist, als Vergleichselement heranzuziehen, wobei insbesondere die Figur im Hintergrund mit einer Kopfbedeckung aus Lumpen in Beziehung gesetzt werden kann zu dem behelmten Soldaten im Hintergrund des hier vorgestellten Gemäldes. In einem der beachtlichsten Werke aus Zanchis Katalog, dem *Wunder des Heiligen Julianus* in der diesem Heiligen geweihten venezianischen Kirche San Zulian stimmt das Gesicht des links mit nacktem Oberkörper dargestellten Soldaten eng mit Delilahs Antlitz auf dem leidnerschen Gemälde überein. Eine vergleichbare Ähnlichkeit ist zwischen derselben Delilah und dem Gesicht des an der Hand gehaltenen Engels auf dem Altarbild *Schutzengel der Menschheit* abzulesen, das 1677 in der Münchner Theatinerkirche auf dem diesen geweihten Altar aufgestellt wurde. Gleichermaßen gehört der sich auf der rechten Seite des Gemäldes befindende jugendliche Engel, der von einem reiferen begleitet wird, zu derselben Gattung wie die Figuren, die in der Ferne im linken Bereich der leidnerschen Leinwand karikaturmäßig gezeichnet sind; diese befinden sich zwischen dem Schild und dem Rücken des in Rückansicht dargestellten Soldaten. Delilahs so ausgeprägte Gesichtszüge mit den für sie charakteristischen langgezogenen Augenbrauen finden den überzeugendsten Vergleich im Modell der Tochter im *Opfer von Jephtha* (früher als *David und Abigail* interpretiert), das sich in der Sammlung Durazzo Pallavicino in Genua befindet (**Abb. 1**).

Auf demselben kompositorischen Niveau, das von einer lebhaften Theatralik getragen wird – in Anlehnung an den Stil von Luca Giordano und natürlich von Pietro Ruschi, Zanchis Meister –, muss der großflächige *Tod der Lukretia*

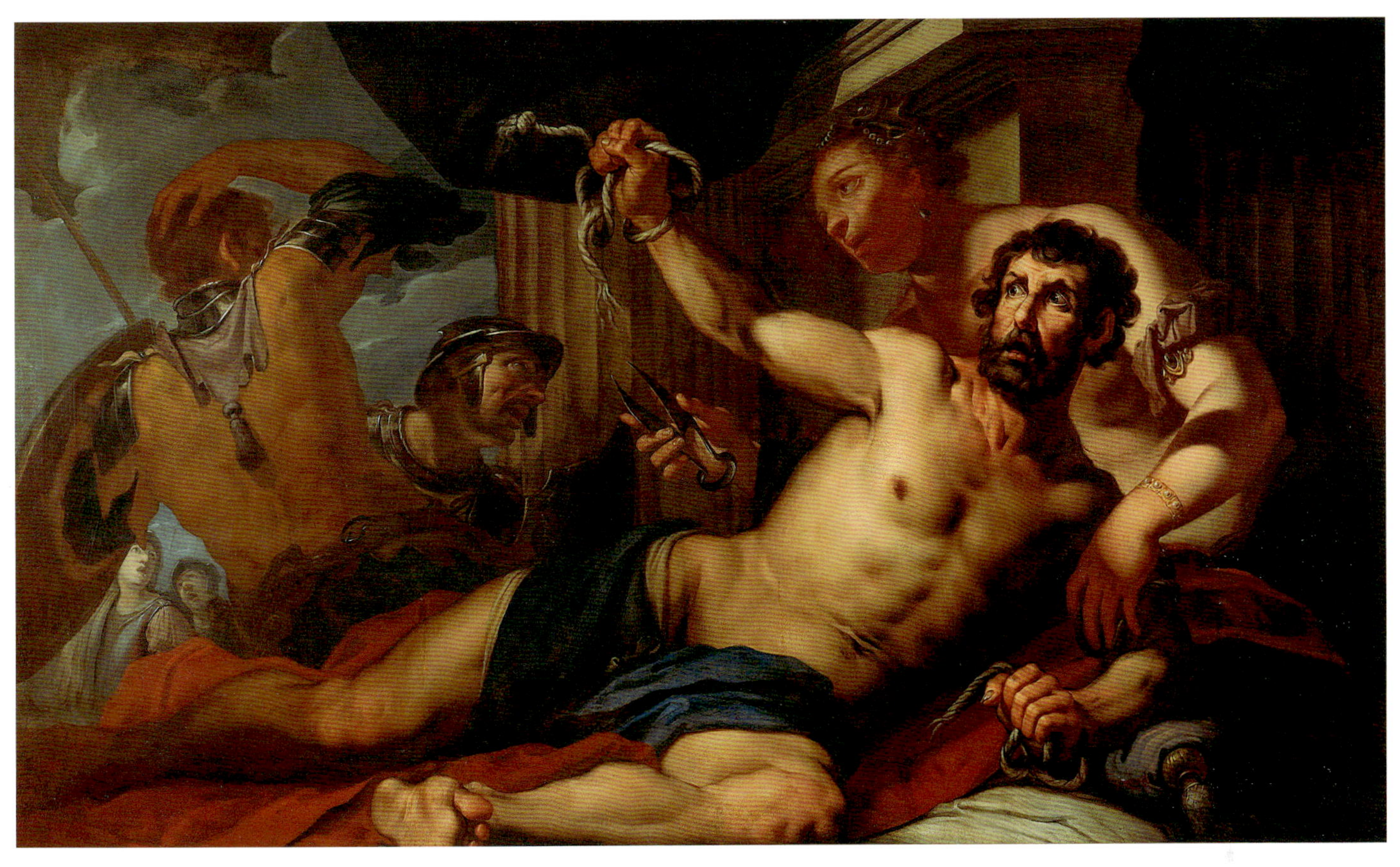

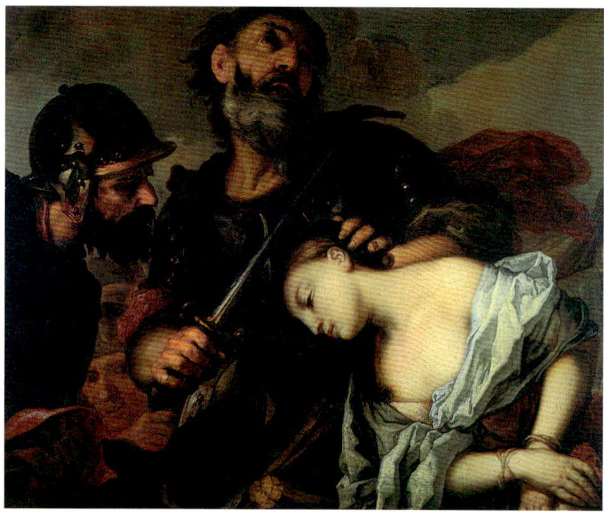

Abb. 1: Antonio Zanchi, *Opfer von Jephtha*. Genua, Palazzo Durazzo Pallavicino

(der wahrscheinlich aus dem achten Jahrzehnt des 17. Jahrhunderts stammt) aus dem Musée Antoine Lécuyer in Saint-Quentin (**Abb. 2**), angesiedelt und in die Diskussion eingebracht werden, ebenso wie das spätere *Martyrium des Heiligen Antonius* (aus den Jahren 1680 bis 1683), das sich in der Kirche Santa Maria del Giglio oder Zobenigo in Venedig befindet – dieses Gebäude ist der Hüter eines zeitgenössischen Meisterwerks von Carl Loth. Die stürmische Art der Darstellung hat Anklänge an *Samson und Delilah*, ebenso wie sich die Haltung des Schergen mit gezücktem Schwert in der Mitte des Bildes im Soldaten des leidnerschen Gemäldes wiederfindet.

Jenseits der immanenten Analysen des Werks von Zanchi darf man im weiteren Kontext der Malerei zu oder vor seiner Zeit die stilistischen Übereinstimmungen mit einem produktiven Zeitgenossen, dem Paduaner Pietro Liberi, nicht übergehen. Als aufschlussreich erweist sich der Vergleich mit der *Allegorie der Tugenden und der Laster* im Palazzo Ferro Fini in Venedig (Sitz des Regionalrats von Venetien), die vermutlich dem siebten Jahrzehnt des 17. Jahrhunderts zuzuordnen ist – vor allem wegen der zur Schau gestellten Rundheit der Gesichter. Nicht weniger aufschlussreich ist der Vergleich mit der *Venus und den Grazien* aus dem Fredericksborg Slot in Kopenhagen, mit den *Drei Grazien und Amor* aus einer Privatsammlung und schließlich mit einem weiteren Meisterwerk auf deutschem Boden, der *Batseba* aus dem Hessen Kassel Heritage. Noch offensichtlicher sind im eindrucksvollen Gesicht der Delilah die übermächtigen Reminiszenzen an die Manier des zwischenzeitlich in Venedig sich aufhaltenden Guido Cagnacci abzulesen,

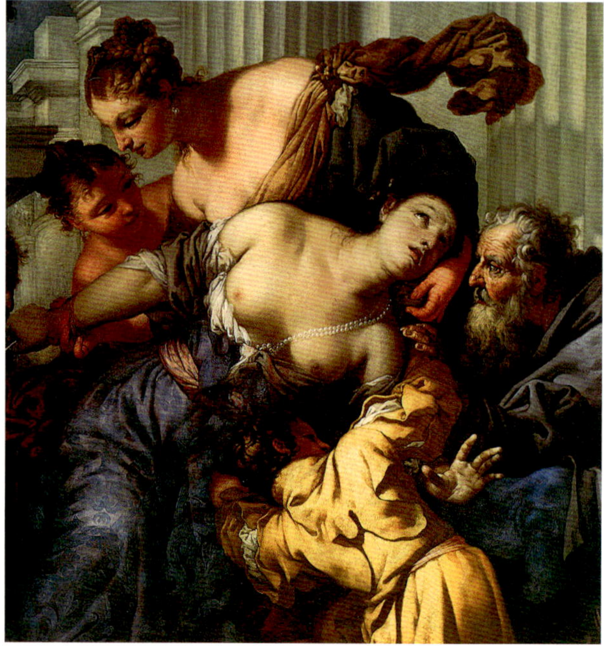

Abb. 2: Antonio Zanchi, *Tod der Lukretia*. Saint-Quentin, Musée Antoine Lecuyer (Detail)

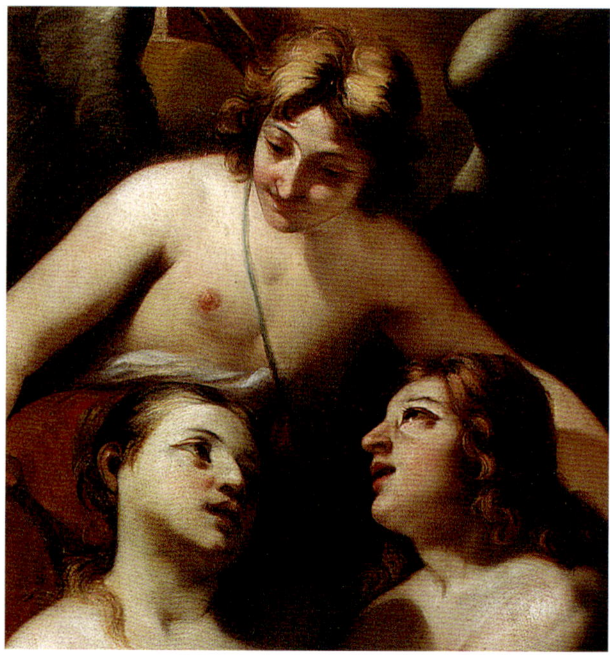

Abb. 3: Giuseppe Diamantini, *Allegorie der Liebe (?)*. Padua, Museo d'Arte Medioevale e Moderna, Legato Leonardo Emo Capodilista (Detail)

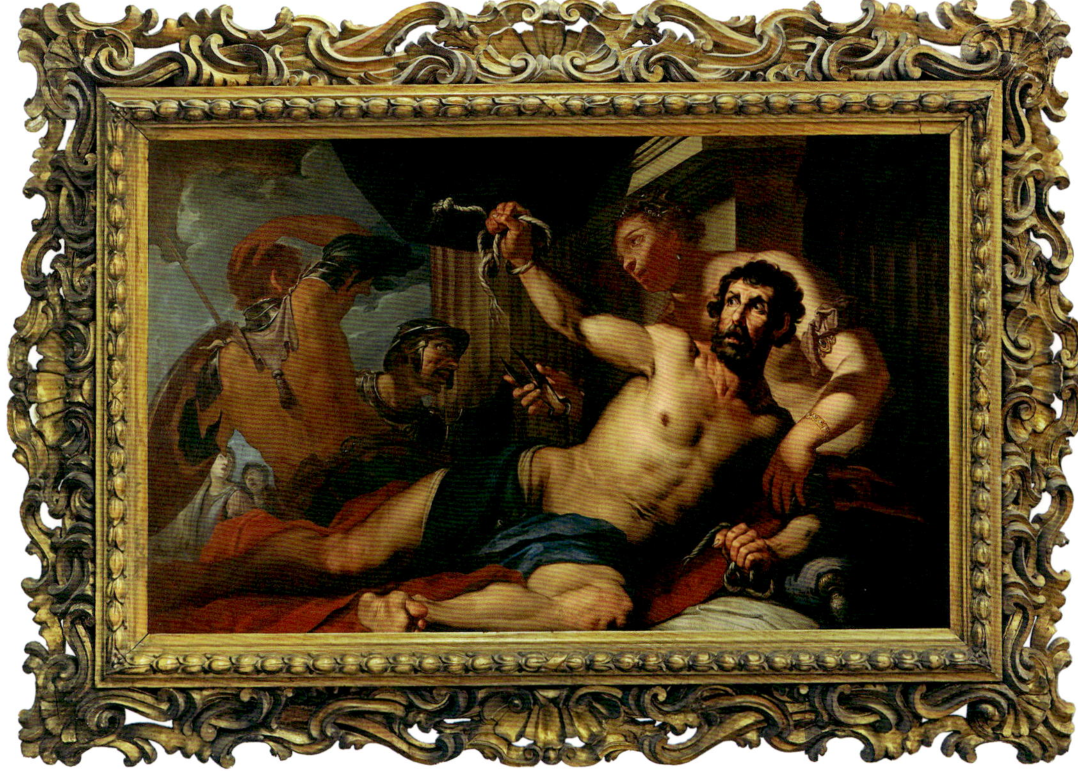

Abb. 4: Antonio Zanchi, *Samson und Delilah*. Berlin, Staatliche Museen, Gemäldegalerie, Dauerleihgabe Leidner (mit neuem barocken Rahmen)

die in diesem spezifischen Fall sicher durch den aus Fossombrone stammenden Giuseppe Diamantini (1623–1705) vermittelt wurde, der etwa 1655 zum Wahlvenezianer wurde.

Der schwache zeitliche Vorsprung des Malers aus den Marken Zanchi gegenüber lädt dazu ein, vor allem was die allgemeine Komposition angeht, sowohl das aus einer Privatsammlung stammende Gemälde *Der Wind und das Meer peitschen die Erde auf, um die Lagune von Venedig zu erschaffen* (Öl auf Leinwand, 209 x 228 cm; Luca Baroni, in: Fossombrone 2021, S. 104–105 Kat. S. 8) als auch und vielleicht ganz besonders die sogenannte *Allegorie der Liebe* (**Abb. 3**) aus dem Museum mittelalterlicher und moderner Kunst in Padua (Marina Cellini, in: Fossombrone 2021, S. 100–101 Kat. S. 6) als Inspirationsquellen für den aus Este gebürtigen Maler anzusehen.

Eine größere Version (215 x 285 cm) des hier behandelten Themas, begleitet von einem *Alexander vor dem Leichnam des Darius,* ist im Palazzo Albizzi in Venedig aufbewahrt. Eine nachlässige Vorzeichnung, auf die Michelangelo Muraro Riccoboni seinerzeit hinwies und die der leidnerschen Version sehr nahe kommt (ein höchst seltener Fall, was die Vorbereitungsblätter für ein Werk im Zanchi-Korpus angeht), ist im Santarelli-Fonds der graphischen Sammlungen der Uffizien eingelagert (Florenz, GDSU, Inv. 7980 S: schwarzer Bleistift, schwarze Feder, Bister auf weißem Papier, mit Zuschreibung aufgrund der Inschrift „Zanchi“ unter dem linken Bein des Helden: Riccoboni 1966, S. 120, 128 Abb. 108; Mariolina Olivari, in: Zampetti 1987, S. 591, Nr. 190, Abb. 697).

Das Gemälde – heute in einem kostbaren toskanischen barocken Rahmen aus dem Bereich der Sammlungen der Gemäldegalerie untergebracht (**Abb. 4**) – war von den 1990er Jahren bis August 2013 als Leihgabe im Deutschordensmuseum in Bad Mergentheim (heute Residenzschloss Mergentheim der Staatlichen Schlösser und Gärten) ausgestellt.

Literatur:
unveröffentlicht

Provenienz:
Domenico Bossi (Triest 1767 – München 1853); München, Galerie Helbing, 29. September 1917, Nr. 68 („Venetianischer Maler in der Art des Carlo Loth/ 17. Jahrh. / Simson und Delila. Simson auf dem Lager seine Fesseln sprengend. Delila erscheint hinter ihm mit der Schere. / Öl auf Leinwand. 119 x 205 cm.“); Käufer Walter Beyerlen (Mitteilung der Dr. Franziska May).

Johann Carl Loth
(München 1632 – 1698 Venedig)

8 Apollons Musikwettstreit

Öl auf Leinwand, 98,3 x 115,8 cm
um 1685–87
Berlin, Staatliche Museen, Gemäldegalerie, Kat. Nr. 1962

Dieses Werk gehört zu den wenigen Gemälden der vielfältigen und raffinierten deutschen Schule des 17. Jahrhunderts, die in der Gemäldegalerie aufbewahrt sind; es traf 1925 als Gabe des jüdischen Antiquars Louis Heinrich („Henri") Heilbronner aus München zum 80. Geburtstag Wilhelm von Bodes ein. Im folgenden Jahr wurde es inventarisiert (Voss 1926, S. 40–41).

Johann Carl Loth, Nachkomme des sehr gediegenen, wenn auch formal trockenen, im naturalistischen Stil arbeitenden Münchner Malers Ulrich Loth, ließ sich zunächst bei seinem Vater ausbilden, zog dann aber nach Rom, von wo aus er im Alter von 18 Jahren zusammen mit einem für seine Italienerfahrungen wichtigen Gefährten, dem zunächst Rembrandt sehr zugetanen Willem Drost, seine endgültige Wahlheimat erreichte, den einzigen Ort, der für die Ausbildung seines Stils wirklich relevant wurde: Venedig.

Loths künstlerische Tätigkeit betrifft demnach die gesamte zweite Hälfte des 17. Jahrhunderts und ist geprägt von einem vehementen Formalismus, einem gewissen Gigantismus und einer dramatischen Ausführung des Helldunkels, ganz im Sinne des von Giordano und dem Genueser Giovanni Battista Langetti in Venedig eingeführten Geschmacks. Langetti erwies sich, wiewohl nur während seiner eigenen sehr begrenzten Lebensdauer, als dominierende Figur dieser Strömung; einer Strömung, die man „tenebrista" („düsterwirkende") nannte, da sie mit dem hypernaturalistischen, bisweilen makabren Geschmack von Ribera sympathisierte.

Dies ist der Bereich der Malerei aus dem Veneto, der in der Gemäldegalerie zahlenmäßig am stärksten vertreten ist, wenn auch noch teilweise große Lücken zu verzeichnen sind (siehe Pietro Negris angeschlagenen *Herkules* im Essay dieses Ausstellungskatalogs). Die großflächige *Diana und Aktaion* von Pietro Liberi (Loths Meister in Venedig) weist eine perfekte Harmonie mit diesem überzeugenden Gemälde des bayerischen Malers auf, womit der Kreis zu Günter Leidners zukünftigem, großmütigen Vermächtnis, und zwar Zanchis *Samson und Delilah* (Kat. 7) geschlossen ist. Was die Darstellung der Attribute im Gemälde angeht, ist es nicht klar, ob hier der Wettstreit zwischen Apoll und Marsyas ausgeführt ist oder (weniger wahrscheinlich) der zwischen Apoll und Pan, da zwei Musen auf der linken Seite und König Midas auf der rechten Seite als entbehrliche Mitglieder der Jury auf dem Bild erscheinen. Der unglückliche phrygische Herrscher, der ein für Apoll ungünstiges Urteil ausgesprochen hatte und deshalb mit Eselsohren bestraft worden war, ist nur ganz am Rande des Gemäldes sichtbar; man erblickt nur dessen Kopf (Ovid, *Metamorphosen*, 6, 382–400: Marsyas, und 11, 146–193: Pan; Ovid, *Festkalender*, VI, 703–708; Philostratos der Jüngere, *Eikónes*, 2.)

Wiewohl die Berliner Leinwand die grandiose Manier und die atmosphärischen Lichteffekte der unvergesslichen Werke Loths meidet, wie etwa den schwülstigen und wahrhaft von Liberi inspirierten *Sterbenden Seneca* in der Alten Pinakothek in München oder die von Poussin beeinflussten

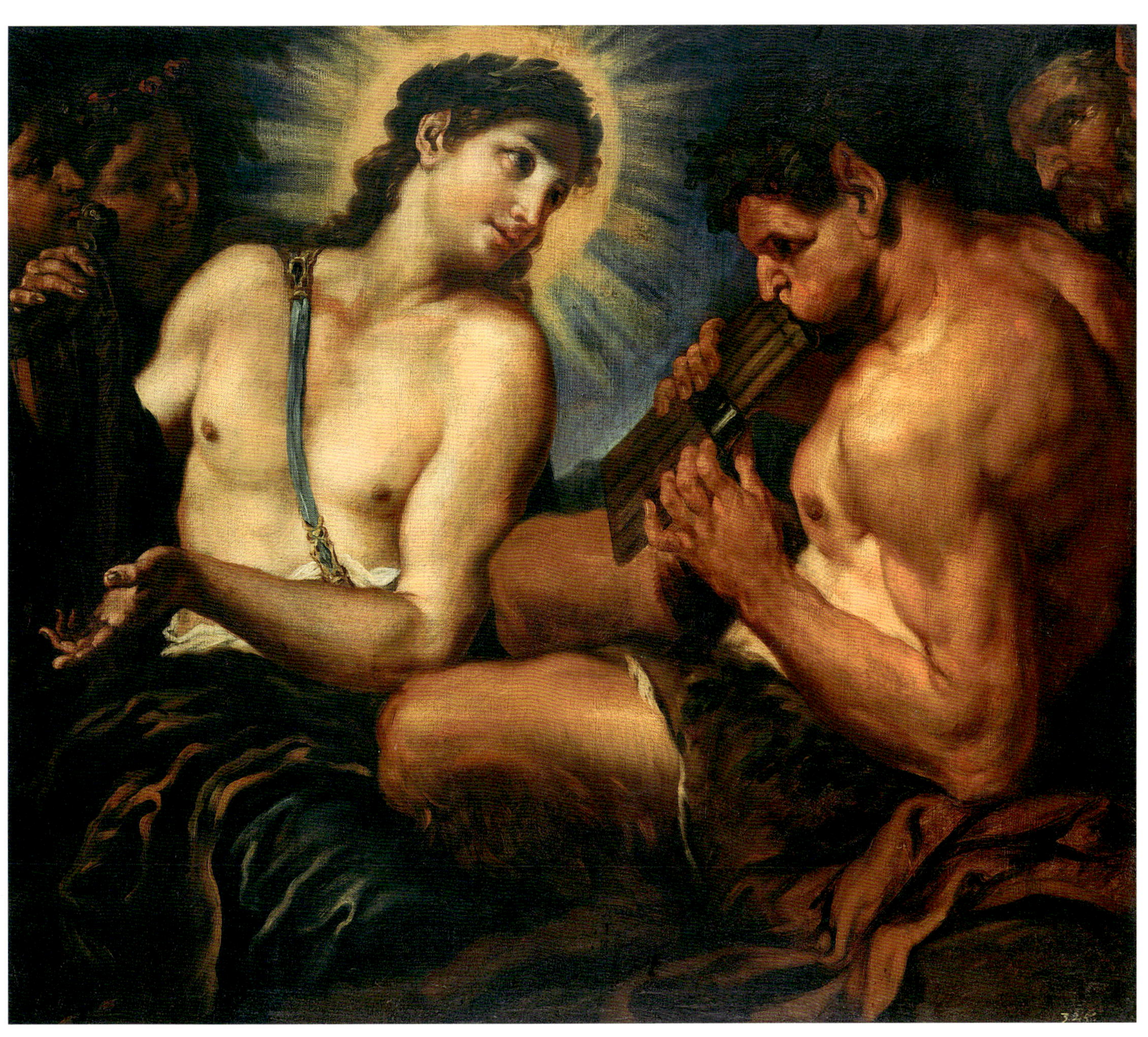

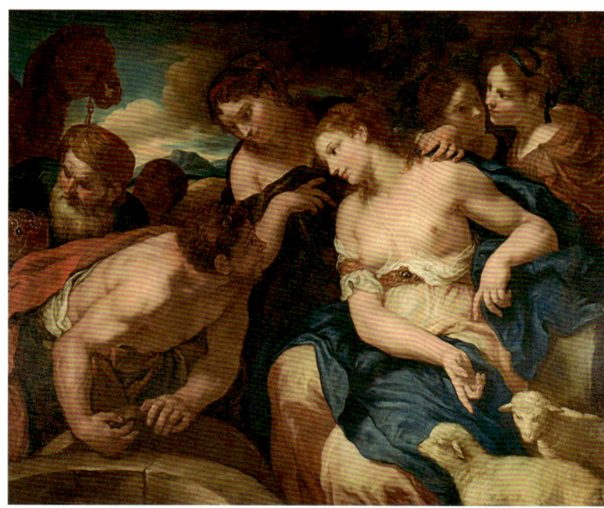

Abb. 1: Johann Carl Loth, *Rebekka und Eliezer*. San Francisco, M. H. De Young Memorial Museum (Museum purchase, Accession Number 47.9)

Werke oder aber noch im Genre des späten und gewaltigen *Martyriums des heiligen Eugen* in der Kirche Santa Maria del Giglio in Venedig oder des *Martyriums des heiligen Erasmus* in Sankt Peter in München, verrät die geringe Zahl der Teilnehmer doch, dass man sich in Rom an Werken der emilianischen Klassizisten orientierte, mit dem Zusatz einer gewissen rubensianischen Kraft (siehe die ausladende Figur der Marsyas/Pan), als eine Art Vorsprung gegenüber den robusten barocken Genuesen vom Typ eines Domenico Piola. Die emilianische Komponente, die sich vor allem im Gott Apoll verrät, dessen Gesicht sich im Licht eines seltsam anmutenden strahlenden Heiligenscheins (ein unnützer Kunstgriff!) abzeichnet, der bereits an einen Maratta oder Chiari erinnert, vermischt sich mit Elementen, die eher Loth zugehören oder gar venetisch sind. Dies gilt vor allem für die beiden Gesichter der Musen, welche als Richterinnen des Wettkampfes das Bild oben links abschließen und von denen eine spiegelverkehrt rechts im Gemälde *Rebekka und Eliezer am Brunnen* im De Young Memorial Museum in San Francisco zu erkennen ist (**Abb. 1**).

Was die Darstellung der Gesichtszüge betrifft, so kehrt das Antlitz der rechts beschriebenen Muse in ironischer Gestaltung in der Figur der jungen Frau auf der linken Seite des Gemäldes *Lot und seine Töchter* (**Abb. 2**) wieder, ein Werk, das im Schloss Rosenberg in Rožmberk nad Vltavou in Böhmen, etwa zwanzig Kilometer südlich von Český Krumlov, verwahrt ist. Dagegen nehmen beide Musen im *Antonius und Kleopatra* einer Mailänder Privatsammlung denselben Platz ein – ein Beispiel unter vielen, das *Apoll und Marsyas* sehr nahekommt.

Obwohl Darstellungen mit einem einzigen Protagonisten in Loths Katalog häufig sind, finden sich solche mit einem sozusagen dialogischen Charakter zwischen zwei Figuren seltener. Das hier besprochene Gemälde unterscheidet sich in der Tat von den anderen bekannten Bearbeitungen des Themas: Erstens der bewundernswert koloristischen Version (siehe das Blau der Gewänder des Apoll), die sich früher im Palazzo Contarini del Bovolo (Congregazione di Carità) in Venedig befand, dann in die Sammlung Nani Donà überging (heute im Palazzo Carminati: Fusari 2017, S. 165), und in der die beiden Zuschauer rechts eine gewisse Wichtigkeit in der Gestaltung der Komposition haben, und dann vor allem die anderen, sehr verflachten Bearbeitungen in den Städtischen Museen von Venedig (Inv. 2219; Palazzo Loredan, Sala degli Orologi), von denen eine ehemals bei Karl & Faber in München war (Auktion 281, 4. Mai 2018,

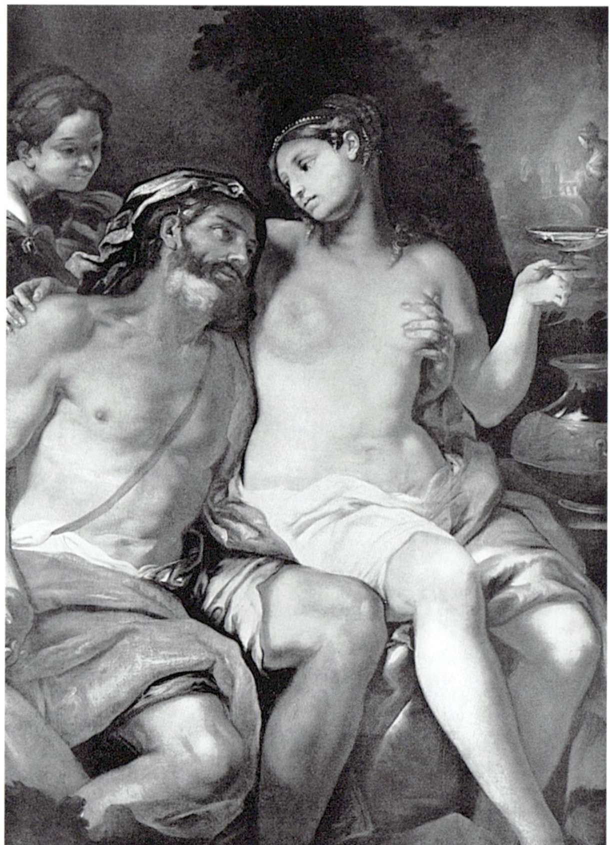

Abb. 2: Johann Carl Loth, *Lot und seine Töchter*. Rožmberk nad Vltavou (Böhmen), Schloss Rožmberk (Detail)

Los 18) – es handelt sich um eine zweite Version minderer Qualität, die von Helfern ausgeführt wurde.
In einem Lebenslauf, in dem die Daten fast vollständig fehlen, und stützte man sich auch nur auf die vertraglich festgehaltenen Werkaufträge (wie z.B. die Jahre 1677–78, was das Altarbild für die Kirche Santa Giustina in Padua angeht, oder das Datum des Ausführungsbeginns (1681) für den *Heiligen Joseph mit dem Christkind, Maria und Gottvater* in der Kirche San Silvestro in Venedig), ist man versucht, sich von dieser Zeit und diesem monumentalen, bildhauerischen Stil zu distanzieren, der an die Grenzen der Nachahmung des genuesischen Wahlrömers Baciccio gemahnt. Aber selbst die an zeitlich mehr (Michelangelo) oder minder (Algardi) entfernten Vorbildern angelehnten stilistischen Übungen sind im *Apoll und Marsyas* klar ersichtlich, vor allem im muskulösen Akt des Satyrs. Es ist nun vielleicht ratsam, mit großer Behutsamkeit der Mitte oder dem Ende der 1680er Jahre entgegen zu schreiten, die in einer gewissen Zwangsbeziehung zu den weitläufigen Gemälden in der Kreuzkapelle des Trienter Doms (*Die Anbetung der Hirten*; *Die Auferstehung*) stehen; deren Ausführung wiederum wird auf etwa 1685/87 festgelegt (Ewald 1965, S. 101 Nr. 364, Taf. 61 Abb. 364).
Ein – zugegebenermaßen willkürliches – indirektes Zugeständnis an eine solche chronologische Hypothese stammt aus einem Tagebucheintrag des schwedischen Architekten Nikodemus Tessin dem Jüngeren (Tessin 1687–88, hrsg. O. Sirèn 1914, S. 203) aus dem Frühjahr 1688, in dem dieser einen Besuch in Loths Atelier in Venedig bezeugt und die Entwürfe für die bereits gelieferten Trienter Gemälde, die Ergebnisse der Sammeltätigkeit des Bayern sowie „ein andress styck von halben figuren von Apollon undt Pan, in welchen der rücken vom Pan treflich gethan war“ erwähnt. Zumindest das Thema, wenn auch nicht unbedingt die Berliner Fassung, war also in der Zeit unmittelbar vor dem Besuch des Architekten Anfang 1688 bereits von Loth bearbeitet worden. Und Loth hielt sich – wiederum nach Tessins Aussage – auch „stettz dass nackende Model beij sich“, wie die Muskelmasse des unglücklichen Marsyas beweist.
Die Röntgenuntersuchung ergab die Wiederverwendung einer Leinwand mit einer anderen, vertikal geführten Komposition: Auf der rechten Seite des Torsos des Apolls taucht ein weibliches Gesicht in halber Frontalansicht auf (Stehr, in: Tacke 2020, S. 194 mit Abb. 1, 196 Abb. 2), das einen verschmierten Strich über dem Haar aufweist, welcher den Verdacht aufkommen lässt, dass es sich um eine Anspielung auf den Halbmond der Göttin Diana handeln könnte.

Literatur:

Voss 1926, S. 40–41; Ewald 1965, S. 101 Nr. 364, Taf. 61 Abb. 364; *Gesamtverzeichnis* 1996, S. 72, Abb. 496; Fusari 2017, S. 165, Kat. 4, Taf. 5; Tacke, Stehr, Wendler, Michaelis, in: Tacke 2020, S. 190–201.

Pasqualino Rossi
(Vicenza 1641 – 1722 Rom)

9 Polyphem und Galathea

Ölmalerei, Pergament auf Holz, 38,2 x 30,7 cm
ca. 1680
Berlin, Staatliche Museen, Gemäldegalerie, Kat. Nr. 1809

Das Gemälde gelangte 1916 als Nachlass des Berliners G. A. Freund in die Gemäldegalerie. Dieses thematisch so ungewöhnliche Werk wurde generell als „Italienisch, 17. Jh." klassifiziert und verschwand – rahmenlos – in dem Fundus des Museums, aus dem es erst jetzt, nicht nur aufgrund seiner seltenen Darstellungsweise, dank der konservatorischen Behandlung durch Ute Stehr wieder auftaucht.

Das kleine Gemälde, das auf einem auf Holz festgemachten Pergament ausgeführt wurde, weist ein venetisches Erscheinungsbild auf, vor allem in den rautenförmig anmutenden Gliedmaßen, die lebhaft verdichtet erscheinen. Es zeigt auch (wiewohl zeitlich weit zurückliegende) Reminiszenzen an Ausführungen mythologischer Thematik, die in Rom ab der Bemalung der Galleria Farnese üblich waren, scheint dennoch aber kein Fragment einer größeren Komposition zu sein.

Der sitzende, vornüber gebeugte Protagonist, der seiner Tätigkeit als Musikant nachgeht, scheint mit den Werken der im zweiten Jahrzehnt des 17. Jahrhunderts in Rom schaffenden Veneter wie Carlo Saraceni und insbesondere Marcantonio Bassetti in Verbindung gebracht werden zu können. Aber die tiefsten Ursprünge des Stils dieses *Polyphems und Galathea* müssen wie mit einer Wünschelrute aus dem Werk eines der bedeutendsten Vertreter der Genremalerei der Mitte des 17. Jahrhunderts, Pietro Vecchia aus Vicenza, zutage befördert werden – in Vecchias Einflussbereich findet das kleine Werk auch seine richtige Einordnung.

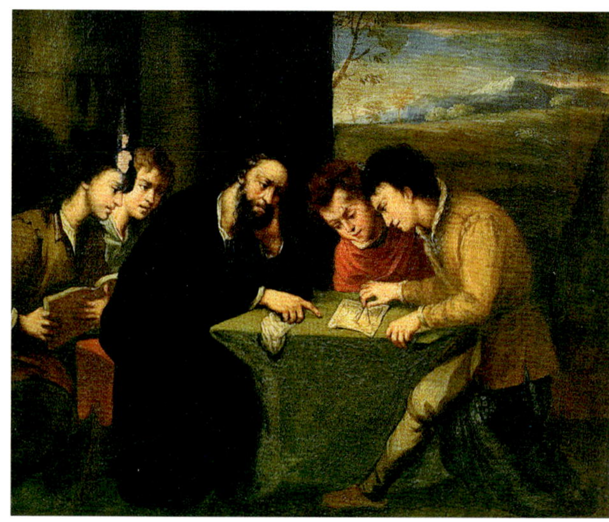

Abb. 1: Pasqualino Rossi, *Mathe Unterricht*. Kopenhagen, Statens Museum for Kunst

Ein weiteres Gemälde, das sich im Besitz der Berliner Gemäldegalerie befindet, jedoch leider jenseits der Herkulessäulen des Depots, und das in seinem allgemeinen Ton als Inspirationsquelle für den Autor des *Polyphem* überzeugend erscheint, ist das *Konzert* von Vecchia (Essay im Katalog, **Abb. 8**). Auch dieses Werk wäre es wert, eines Tages wieder rehabilitiert zu werden, nicht nur wegen seiner eigentlichen Vorzüge, sondern auch, um dem Panorama der venetischen Maler des 17. Jahrhunderts Substanz zu verleihen.

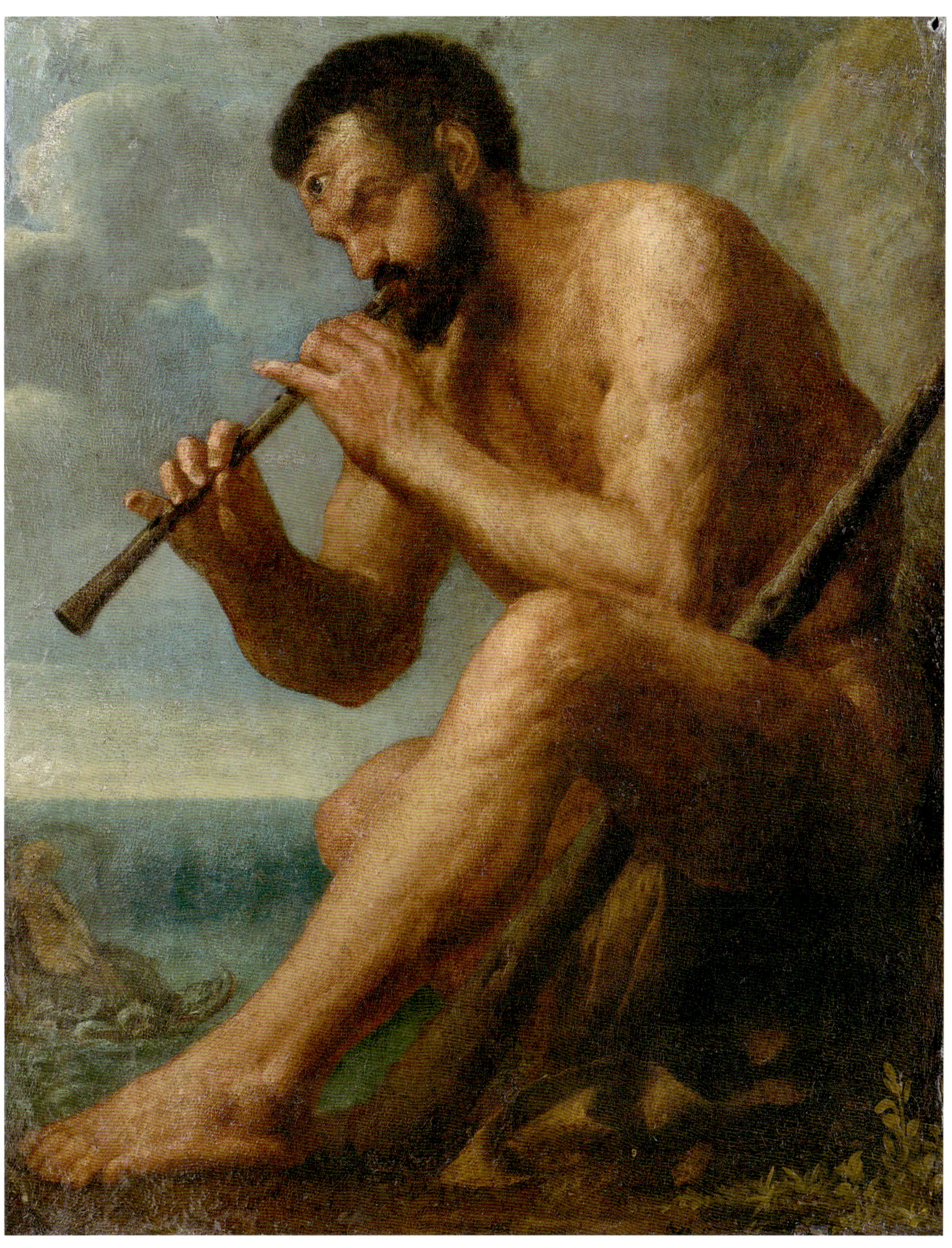

Die Kreuzung zwischen den Ausdrucksweisen Venetiens und Latiums, welche ideale Beobachtungswarten vergangener wie gegenwärtiger Stile sind, in Verbindung mit dem Erkennen einer subtilen Ausdruckskraft, die häufig in scharf wirkenden Gesichtsprofilen ihren Niederschlag findet, bewegt uns dazu, den lieblichen Urheber dieses Gemäldes mythologischen Inhalts im ebenfalls, wie Vecchia, aus Vicenza stammenden Pasqualino Rossi zu identifizieren – ein schaffensfreudiger Künstler, der sein Werk in Rom und vor allem in den Marken bekannt machte.

Während die stilistische Übereinstimmung des in Rede stehenden Werkes mit berühmten Beispielen der Genremalerei Rossis, wie der *Mathe Unterricht* (**Abb. 2**) im Statens Museum for Kunst in Kopenhagen (inv. KMS562), oder die *Musikschule*, einst bei Bellini in Florenz, mehr oder weniger unverkennbar erscheint, so glüht der Funke der künstlerischen Kontamination endgültig in einem großen Teil des von Pasqualino in den Marken durchlaufenen Cursus honorum.

Selbst wenn man sich nur auf die Sortierung des ebenso exzellenten wie mannigfachen kirchlichen Materials von Fabriano und Serra San Quirico beschränkt, können doch zahlreiche Doppelgänger des Berliner Polyphems identifiziert werden, so zum Beispiel im heiligen Steinmetz Nikostratos im Altarbild *Maria mit dem Kind, dem hl. Joseph und den hl. Märtyrern Claudius, Nikostratos, Symphorianus, Castorius und Simplicius* in der Kirche des Heiligen Benedetto in Fabriano, oder auch in *Der Predigende Johannes der Täufer* aus dem Jahr 1679, der ein wichtiges Element in der Ausstattung des gleichen Gotteshauses in Fabriano ist. Zu dieser Bilderwelt gehört auch das *Martyrium des Heiligen Paulus* (?) – das sich einst in der Sammlung Richard F. W. Cartwright

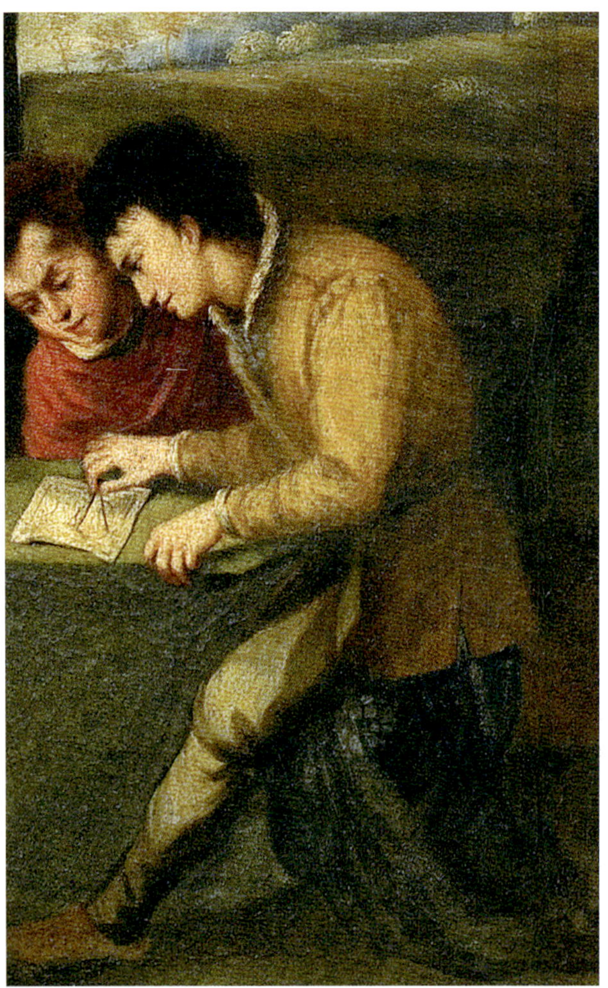

Abb. 2: Pasqualino Rossi, *Mathe Unterricht*. Kopenhagen, Statens Museum for Kunst (Detail)

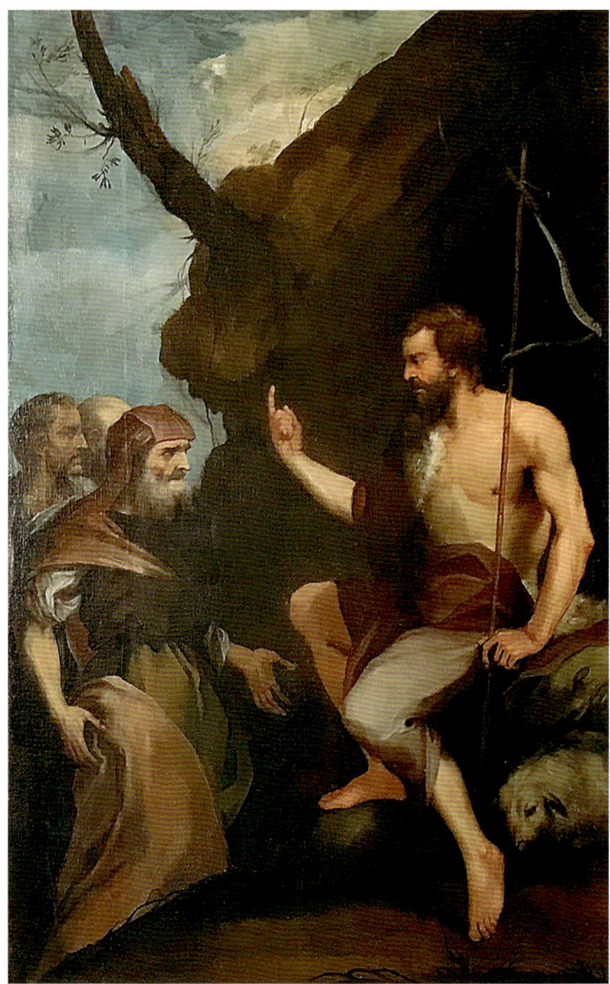

Abb. 3: Pasqualino Rossi, *Predigt des hl. Johannes des Täufers*. Fabriano, San Benedetto

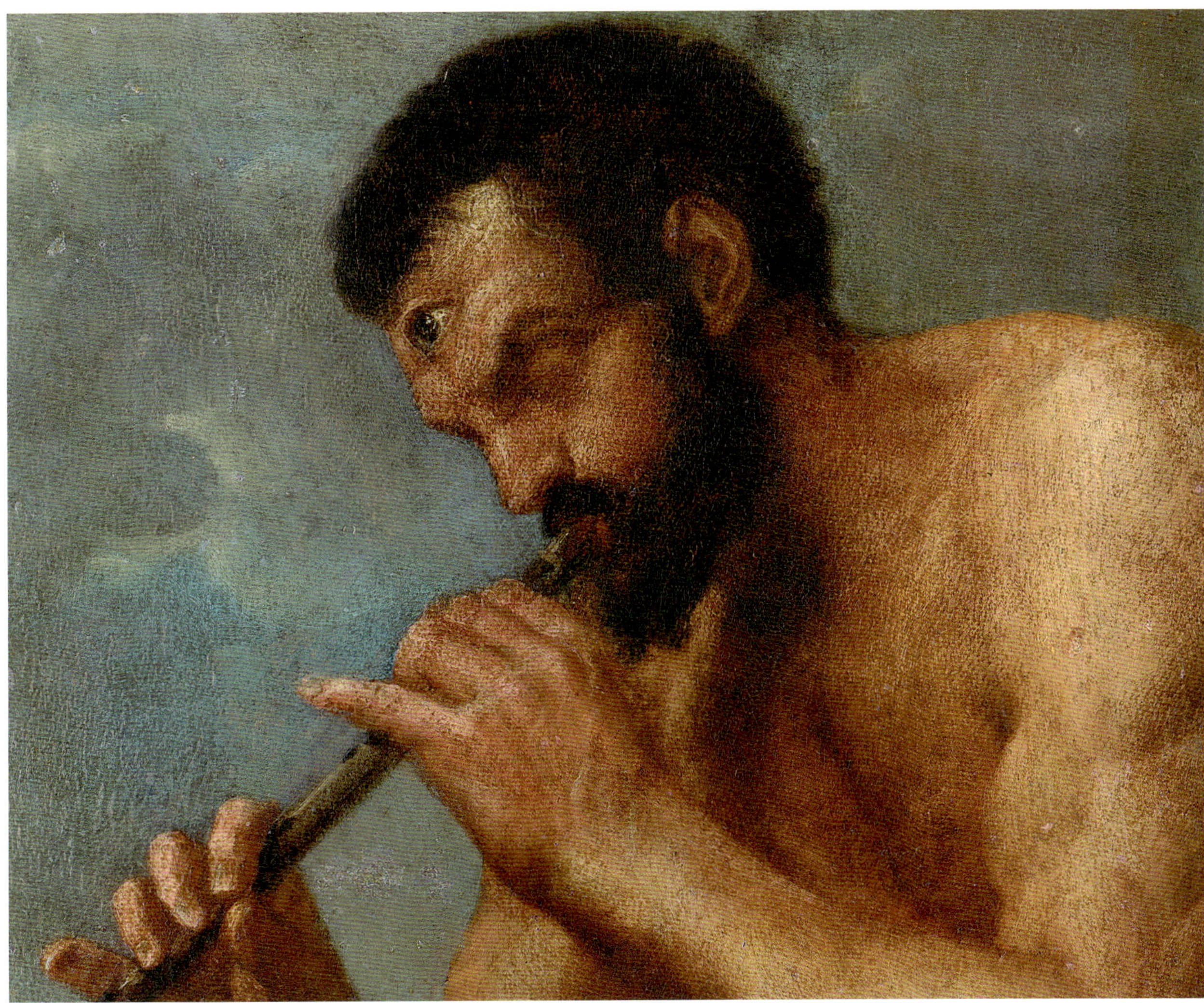

(UK) befand, in dem insbesondere die Figuren des Protagonisten und des Zuschauers ganz rechts hervorstechen. Bemerkenswert ist unter den Sammlern die Beliebtheit, deren Rossi sich erfreut. Erwähnenswert ist in diesem Zusammenhang der ungewöhnliche Fall des spanischen Botschafters in Rom, Don Gaspar Méndez de Haro, Marquis von Carpio, eines berühmten Kunstliebhabers. Als er sich während seines Aufenthalts in Rom, in den Jahren zwischen 1676 und 1683, als Mäzen und Künstler betätigte, fanden über vierzig Werke Rossis Eingang in seine Sammlung.

Man muss der Versuchung widerstehen, den unter Nr. 37 verzeichneten *Merkur und Argos* als interpretatorischen Fehler des Verfassers des Inventars des Markgrafen von Carpio zu bewerten: „Ein Gemälde, das einen Flöte spielenden Merkur und einen schlafenden Argos darstellt, von Pasqualino Rossi dem Venezianer, ungefähr 5 bis 4 Spannen lang, mit seinem gänzlich vergoldeten Rahmen, geschätzt auf 30 Zoll" (Inventar 1682–1683, Nr. 37, in: Burke, Cherry 1997, I, S. 731, Nr. 34). Aber die Maße stimmen doch fast genau mit dem Berliner Gemälde *Polyphem* überein, auf dem dieser – ebenso wie der inventarisierte Merkur – die Flöte spielt. Es verbleibt natürlich die Restschwierigkeit, das Miniaturbild der Galathea, die auf ihrem Delphin mitten im Meer sitzt, als das des Hirten mit den tausend Augen ausgeben zu können. Jedoch ist die Datierung des *Polyphem* zwischen den späten 1670er und frühen 1680er Jahren akzeptabel, insbesondere im Vergleich mit den Werken aus der Region der Marken.

Literatur:

Gesamtverzeichnis 1986, S. 40; *Gesamtverzeichnis* 1996, S. 64, 529 Abb. 2576.

ORIGINALTEXTE

Roberto Contini

UNA DONAZIONE PROVVIDENZIALE

INTEGRAZIONI AL SEICENTO NORDITALIANO DELLA GEMÄLDEGALERIE

L'*Amor vincitore* del Caravaggio, opera simbolica della Gemäldegalerie, è stato talvolta definito punta dell'*iceberg* delle collezioni di pittura italiana, tanto estesamente l'occhio deve spaziare, per contenere anche solo gli oggetti di quella scuola esposti al piano nobile del museo. Ma quel che è vero per determinati settori, e certamente lo è per il Tre, Quattro e Cinquecento, secoli offerti al riguardante sotto specie di quasi rigorosa completezza, lo è meno per il Settecento, che solo per essere integrato da prestiti a lungo termine di autentica nobiltà, si costituisce, almeno nel settore veneto, in antologia di prim'ordine.
Cenerentola in tale contesto è il sottorappresentato Seicento, il quale paradossalmente si fregia di opere somme di sommi artefici, ma difetta di qualunque intento sistematico, lasciando zone d'ombra gravi, la cui parziale compensazione potrà nel lungo termine provenire solo da una politica di acquisti. Quale, già ardua di questi tempi, finirebbe per dover colluttare con l'insufficiente metratura lineare degli spazi disponibili. A meno di ripristinare la visibilità della cosiddetta Studiengalerie nel seminterrato, supplemento eletissimo di un già di per sé cospicuo itinerario nel museo al Kulturforum.
Pitture italiane del primo terzo del secolo decimosettimo pervasero gli spazi della Gemäldegalerie solo dopo l'acquisto nel 1815 del contingente superstite (157 opere) della collezione romana del cardinal Benedetto e di suo fratello, il marchese Vincenzo Giustiniani, mecenati genovesi usi a promuovere soprattutto artisti loro contemporanei: Caravaggio e la sua scuola, Annibale Carracci e altri classicisti. *Leitmotiv* delle acquisizioni, migrate in Prussia dopo circa due secoli dalla loro nascita, fu l'appartenere al centro di produzione artistico per antonomasia del tempo, Roma. E il limite inerente la pittura prodotta a Roma tra il 1600 e gli anni immediatamente precedenti il 1638 (data dell'inventario delle raccolte di Vincenzo Giustiniani, contestuale al decesso del nobile), quasi senza estensione agli altri luoghi del magicamente policentrico tessuto figurativo peninsulare, dovette poi cedere svariati numeri primari (tre Caravaggio, due Reni...) alle offese dell'ultima guerra.
Eppure un museo dalla vocazione universalistica, quale la galleria di pittura antica delle raccolte statali berlinesi, anche dopo aver posto qualche rimedio alle sciagurate more del gusto, almeno per tutto l'Ottocento largamente antisecentesco, risulta ancor oggi aver tradito lo spirito enciclopedico, che è così magnificamente illustrato nelle sezioni del Quattro e Cinquecento. Se suona onorevole il computo dei protagonisti attivi sul suolo laziale e campano, appena si valicano gli Appennini la diffusione figurativa si contrae come la tartaruga nel suo carapace.
Le vie per riabilitare un segmento poco rappresentato nel censimento dei beni di un determinato museo sono sostanzialmente due: riscattare dall'anonimato e – ove possibile – dalle ingiurie conservative pezzi confinati nei depositi (dato e non concesso che tale condizione s'inveri) oppure far aggio su nuove acquisizioni per artisti non altrimenti rubricati.
Senza negarsi i buoni frutti della prima via, come non stigmatizzare la rarità dell'accadimento, quando un collezionista svevo si risolva a lasciare in dotazione a uno dei musei nazionali della capitale tedesca tre pitture – una delle quali già opportunamente battezzata, le altre due solo genericamente classificate – inedite, tanto per autore che per tema. E in un colpo solo, constatiamo un incremento sul piano geografico, per tre territori. Il Veneto, regione dell'Italia settentrionale secentesca meglio rappresentata in Gemäldegalerie, col *Sansone e Dalila* di Antonio Zanchi (cat. 7); la Romagna, con

la *Lucrezia* di un satellite di Guido Cagnacci, possibilmente il cesenate Cristoforo Savolini (cat. 2), e, si vorrebbe dire soprattutto, giusta la rarità del caso, la derelitta Lombardia con il *Tobiolo risana il padre* di Daniele Crespi (cat. 4).
Un solo numero lombardo alberga nel percorso permanente della collezione, l'ottimo *Sogno di Giuseppe* di Francesco Cairo (cat. 5), tutt'altro che appariscente nel suo modesto formato, invero sempre più della vasta tela del Cerano dispersa nell'incendio della torre del Flakbunker Friedrichshain nel maggio 1945.
Il *Voto dei Santi francescani*, capo d'opera del pittore controriformato (**Fig. 1**), costituiva col magnifico *Battesimo* dello Städel Kunstinstitut, iscritti con le date rispettivamente 1600 e 1601, la coppia di sue pitture più insigni, non solo in Germania, ma in generale al di fuori della Lombardia[1]. Riabilitato il piccolo *San Giovanni* di scuola ceranesca in questa medesima occasione (cat. 3), il Daniele Crespi Leidner irrora finalmente nuova linfa negli asfittici territori lombardi, tanto più esemplarmente il suo coefficiente di minimamente conquistata densità geografica andrà di pari passo con quello della dignità qualitativa.
A questa parziale riabilitazione, ancora chiusa ahimè ad artisti chiave a cavallo del Cinquecento, quali il Morazzone e Giulio Cesare Procaccini, potremmo suturare un *Ritratto di gentiluomo con pizzo* [2], ahimè anch'esso disperso (**Fig. 2**), acquisito nel 1860 dal Barone Duboutin de Rochefort, nella villa di Bellosguardo presso Firenze [3]. Eppure il ritratto, alieno – a giudicare su tramite fotografico – dallo stile del pesarese Simone Cantarini, sotto le cui insegne la tela ebbe accesso alla raccolta prussiana, pare tenere il passo – giusta quelle piatte e nervose falangi e la manzoniana fisionomia – del 'figliol prodigo' appena integrato grazie alla donazione di Günter Leidner: Daniele Crespi. Di questa silente posizione critica – mai discussa nella letteratura specifica, pur presenziando il *Ritratto di vecchio* e proprio sotto il nome del Crespi alla fiorentina mostra del *Ritratto italiano* del 1911[4]– possiamo addurre solamente la prudente asserzione di paternità („Daniele Crespi (?)") attestata dalla fotografia Brogi 19014, l'apparente fiducia in essa da parte di Federico Zeri (Fototeca, scheda 46832) e l'annuire convinto dello scrivente. Dichiarata la tara di un giudizio fondato solo su documentazione fotografica, i manierismi delle falangi fluttuanti e appiattite, il vezzo dei riccioli o delle onde a caschetto, a quasi compensare le rade chiome, la stilizzata peluria del mento e più di tutto i nasi camusi e gli occhi acquosi reclamano, uno per tutti, il confronto con l'*Incredulità di San Tommaso* di collezione privata (**Fig. 3**) e per vero tra il gentiluomo già berlinese e il Cristo sottoposto a scettiche, insultanti manovre esplorative[5].
La *Lucrezia* d'aspetto romagnolo del medio-basso Seicento è altra acquisizione a cui guardare con soddisfazione, non solo ma anche per l'iconografia, talmente rara nelle pertinenze italiane secentesche della Gemäldegalerie da costituirne un *unicum* e come tale da vezzeggiare. L'incidenza di modelli emiliani di un Reni o di un Guercino da una parte e romagnoli di un Guido Cagnacci dall'altra, bastano a farci constatare come un settore non povero quale la pittura emiliana sia bensì adeguatamente rappresentato, ma specialmente per quanto riguarda l'epoca dei riformatori: i fratelli Agostino e Annibale Carracci e il loro cugino Ludovico. Da quest'ultimo prenderà poi le mosse il parmense Giovanni Lanfranco, forte dei due grandi formati dedicati rispettivamente ai santi *Carlo Borromeo* e *Andrea*, mentre ancora nei modi dello zio Annibale è condotta la grande pala di Antonio Carracci, figlio di Agostino, già sull'altare della cappella Cenami in San Giovanni Evangelista a Lucca. Perduti o solo dispersi due Guido Reni di gran pregio, quali il *Venere e Amore* (**Fig. 4**) e i *Santi Paolo e Antonio Eremita* (**Fig. 5**), si può chiudere sulla suprema *Sacra Famiglia* giovanile (1618 c.) del Guercino. Inoltrandosi verso la metà del secolo, alla cernita alfabetica mette conto aggiungere un Albani e – confinati nei depositi – un Tiarini, in anni non remoti riconosciuto per tale (**Fig. 6**)[6], nonché una fortemente compromessa pala con *San Rocco* del reniano Gessi.
Non vi è dunque più una continuità degna del pregio delle pitture dei Carracci, né una progressione sul variegato affermarsi delle singole personalità. Non siamo ai livelli della Lombardia, ma certo anche l'Emilia appare – come dire – in difetto 'demografico'. Tacendo della Romagna, il cui maggior rappresentante, il già citato Guido Cagnacci, è pure uccel di bosco. Almeno però, con la nuova *Lucrezia*, si ha l'integrazione di un'ottima pittura nata giusto nel cono d'ombra dell'eroe di Sant'Arcangelo Romagna, quale ammiriamo, tra le molte repliche, nell'autografo caninamente imbronciato di collezione privata a Forlì[7]. Scarsamente diffusa nelle comuni conoscenze, specie fuori dell'Emilia Romagna, è la scuola di Cesena, alla quale appartennero due artisti di caratura, vorremmo dire, sovranazionale quali Cristoforo Serra e Cristoforo Savolini[8]. Il *blend* Reni/Guercino/Cagnacci determina l'aspetto robusto quanto cromaticamente lussuoso di questa *Lucrezia*, che qui si vuole assegnare proprio al Savolini (se ne veda la santa Apollonia in alto all'estrema destra nella pala con *I santi Donnino, Carlo Borromeo e Apollonia* in San Domenico a Cesena) applicando una significativa piastrella allo scabro impiantito dell'inesistente seconda parte del secolo in Gemäldegalerie, per quanto compete l'Emilia-Romagna.
Assieme alla Lombardia, la assai più modesta per estensione, ma densissima quanto a esercizio delle arti figurative Liguria, conta – tra le regioni dell'Italia settentrionale – una grave sottoesposizione, ancorandosi a tre soli, ma quanto autorevoli, numeri: la *Salomè* di Bernardo Strozzi, maggior figura del primo terzo del Seicento a Genova e non meno illustre quanto alla sua successiva sede veneziana, il *Diogene e Alessandro* di Gioacchino Assereto, opera giovanile e acida dell'esuberante artista, acquistata dal museo solo nel 1984, infine il superbo *Deucalione e Pirra* di Giovan Bernardo Castiglione, il Grechetto. Insomma, poca nutrita milizia, ma di primario interesse storico.
A questo magro terzetto potrà procurare adeguato sostegno una grande *Santa Maria Maddalena*, usurpata nei depositi della Gemäldegalerie da una dichiarata attinenza, storicamente certo giustificabile, alla cerchia di Anton Van Dyck, a svantaggio della natura ligure dell'oggetto (cat. 1), le cui coordinate morfologiche virano sul nome di Giovanni Andrea De Ferrari, seguace dello Strozzi.

Risalendo dunque l'Emilia Romagna, la Liguria e la Lombardia con un appannaggio figurativo che non arriva alle dieci unità, ci porteremo verso oriente, verso Venezia e il Veneto, dove saremo premiati da più esempi della 'Carta del navigar pittoresco' esaltata dalle fonti antiche.

Alcuni dei nomi di peso del medio Seicento veneto sono bensì inclusi nella collezione prussiana, ma solo raramente sono ascesi nelle sale di esposizione. La vasta *Diana e Atteone* del padovano Pietro Liberi (**Fig. 7**), è stata anche per lunghi tratti cooptata, e tuttavia un poco arbitrariamente (in virtù del sonoro formato) nell'antologia della scuola veneta, quella però del secolo decimottavo, spalla a spalla con Tiepolo e Amigoni. Nei depositi giacciono, con aspettative di riscatto pari a zero, il guasto ma certo ben nato *Concerto* di Pietro Vecchia (**Fig. 8**), e un *Ercole che fila*, che urge restituire al tenebroso Pietro Negri (**Fig. 9**). Nel fare largo, muscolare, a losanghe di membra giustapposte per solo magma cromatico, carni sode ma tremanti fortemente corrose dall'ombra, si cela un omaggio imprevisto a Guido Reni, filtrato – chissà – dal grandioso San Giovanni Battista campeggiante sul primo piano della pala con la *Vergine e Santi* del padovano Ermanno Stroiffi nella chiesa veneziana dell'Ospedaletto. L'*Ercole con la rocca* desume in verità quasi letteralmente dal busto del medesimo eroe nel grande quadro del bolognese con *Ercole e l'Idra* [9] della Galleria Palatina di Palazzo Pitti a Firenze. Una sorta di ridotta copia carbone dell'eburneo originale reniano, quando in verità l'esempio del bolognese non appare altro che imprevisto e quasi incongruo dinanzi al *curriculum* figurativo del veneto Negri, discepolo di Matteo Ponzoni e Francesco Ruschi. I termini di paragone con l'*Ercole* della Gemäldegalerie sono costanti nel percorso del Negri e ci si può limitare a trascegliere la figura del protagonista nel *Tempo strappa le ali a Cupido*, custodito nel Museo Statale della Ceramica a Kuskovo (Mosca), dove fu identificato da Giorgio Fossaluzza[10]. D'altro canto, una fonte da non trascurare per questo nuovo numero del Negri, sia essa pure remota, è nella cosiddetta *Allegoria di Ercole* del Dosso, oggi agli Uffizi, della quale, già prima del Reni, potrà guardarsi con profitto la figura in primo piano, sulla sinistra del dipinto, specularmente all'*Ercole* del secentista veneto.

Un'opera chiave del barocco veneziano, quale la *Sfida tra Apollo e Marsia* del bavarese naturalizzato veneto Johann Carl Loth (cat. 8), per un certo periodo ammirata nella Studiengalerie, nel seminterrato del museo, fa la sua meritata *rentrée* in questa occasione. Il magro indice onomastico dei primattori del Seicento veneto risulta poi integrato dal terzo numero della corroborante donazione di Günter Leidner: l'ampio sopraporta con *Sansone e Dalila* (cat. 7), opera tipica dello stile, ma atipica quanto alla bontà dell'esecuzione, del padovano (di Este) Antonio Zanchi, andando a sfiorare l'estremo limite del secolo.

Se di tutte le scuole norditaliane è quella veneta a uscire con maggior vigore, non si può certo dire che essa doni un panorama se non esaustivo, almeno antologico delle forze in campo. La brutale messinscena del *Cristo e l'adultera* di Alessandro Varotari, detto il Padovanino (Kat. Nr. 2255; olio su tela, 174 x 234 cm, acquisito per dono del dottor Laves di Lipsia, nel 1977), è fiacca e sovrabbondante, né vi è più molto da cercare. Manca uno degli spiriti neomanieristici più gustosi del secolo nel vicentino Francesco Maffei, mancano tutti i buoni ingegni che si allargano al primo quarto del Settecento, quali Antonio Molinari, Gregorio Lazzarini[11], Simone Brentana, mancano artisti assai produttivi, presenze familiari alle collezioni germaniche, quali Andrea Celesti e Giovanni Segala, per tacere della compagine friulana e di Antonio Carneo.

Venga accolto a mo' di minima compensazione a questi dati di fatto nella saletta che avete appena visitato un esempio di un *petit maître* barocco, il vicentino Pasqualino Rossi. Il suo *Polifemo* (cat. 9) muove evidentemente in termini remoti dai modi del suo maestro Pietro Vecchia, ma stinge poi nel nuovo contesto centroitaliano (Roma e Marche), nel quale il Rossi fu operatore fecondo. In un Seicento oramai calato nel suo ultimo quarto, il raro dipintino mitologico è uno dei pochissimi custoditi fuori del territorio peninsulare (*Lezione di matematica*, Copenhagen, Statens Museum for Kunst, *Scuola di cucito*, Parigi, Louvre) per un artefice raro comunque fuori di Roma e delle Marche e per un oggetto particolarmente in amicizia con le tante pitture allogategli a Fabriano e nella vicina Serra San Quirico.

Sul fronte dei cosiddetti tenebrosi, potremo gustare a fianco del nuovo *Sansone* dello Zanchi donato da Günter Leidner, una gagliarda *Cacciata di Agar* di privata raccolta berlinese (cat. 6), che sta a mezza via tra i modi dello stesso Zanchi e quelli del romano immigrato in Laguna, Francesco Ruschi. Questo dipinto tradisce affinità parentelari con una un po' dimenticata pittura delle collezioni di Kassel, il *Vertumno e Pomona* (**Fig. 10**), assegnato prudentemente ad anonimo veneto del Seicento, nel quale la dea dell'agricoltura svetta a sinistra, il volto procombente in forte scorcio, quasi un *pendant* speculare della madre di Ismaele, come descritta appunto nella nuova tela, a tutt'oggi sconosciuta. Meno metallico e schematico del Ruschi, morbido bensì come il miglior Zanchi, il dipinto annette in parte – alla stregua di quello di Kassel – stilemi capziosamente caratteristici di una ancora maldisegnata personalità del secondo Seicento trentino, Giuseppe Alberti.

Saggiamente prestata dal suo fortunato collettore, questa *Cacciata di Agar* trasporta resine vitali al segmento della Gemäldegalerie illustrato *ad interim* dalla corrente, eufemisticamente parlando circoscritta, esposizione sul 'secolo debole' – se misurato beninteso sul metro berlinese. E tuttavia giusto il Veneto, in ambito secentesco come settecentesco, si era già guadagnato a Berlino un primato geografico relativo.

Note

1 Rosci 2000, pp. 86–91 schede 37, 38 e 39–42; pp. 94–97 scheda 46. L'imponente pala già a Berlino (Kat. Nr. 352), proveniente dalla chiesa milanese dell'Immacolata Concezione Nuova dei Cappuccini, misurava ben 321 x 193 cm. Cospicue anche le dimensioni del *Battesimo* di Francoforte (inv. 1527): 250 x 255 cm. Una terza meraviglia del Cerano orna le pareti di una pinacoteca ugualmente germanofona, quale la mirabile Gemäldegalerie del Kunsthistorisches Museum di Vienna (*Cristo appare agli apostoli Pietro e Paolo*, Inv. Nr. 273, olio su tela, 274 x 184 cm., proveniente da San Pietro dei Pellegrini a Milano). Sulla pala del *Voto dei Santi francescani* si veda anche Contini 2005.

2 Kat. Nr. 408A: olio su tela, 86 x 69 cm.

3 Michaelis 1995, p. 20.

4 Firenze 1911a; Firenze 1911b, p. 7: no. 35092 (Crespi Daniele – Un vechio (sic) seduto. Kaiser Friedrich Museum. Berlino).

5 Un'ulteriore pittura tradizionalmente – ma chissà sotto quali sollecitazioni, considerati i tempi – ritenuta di Daniele Crespi (v. *Beschreibendes Verzeichnis* 1931, p. 612), era stata apparentemente acquisita dal Waagen in data non conosciuta (così da farci fare ingannevole aggio sulle doti di conoscitore del primo direttore della Gemäldegalerie). La tela – per dimensioni quasi il laterale di una cappella – raffigurante 'Cristo nell'orto' (Kat. Nr. 357; 182 x 118 cm), venne in data altrettanto imprecisata inviata in prestito alla chiesa evangelica di Briesen (oggi Wąbrzeźno, presso Torún), nell'allora Westpreußen. Andreas Raub ha molto recentemente (2020, pp. 56–57 cat. 57) rintracciato il *Cristo orante nell'orto alla presenza di un angelo*, una delle migliori redazioni di un tema noto di Vincenzo Campi, nel Museo Diocesano di Pelplin (Muzeum Diecezjalne w Pelplinie), dove il dipinto era stato trasferito già nel 1974.

6 Kat. Nr. 207A, olio su tela, 43 x 56 cm, già 'Mailändisch, Ende 16. Jh.'. Benati 2001, I, S. 34 Nr. 41, con datazione sul 1615–20. Acquisito probabilmente a Roma nel 1819 dal Feldmarschall von Knesebeck, passò nella sua proprietà di Schloß Karwe (Brandenburgo), quindi donato al re Friedrich Wilhelm III. per la cappella dello Stadtschloss di Berlino. Fu trasferito dai castelli reali al Kaiser-Friedrich-Museum nel 1855 (*Gesamtverzeichnis* 1996, p. 74).

7 Pasini 1986, p. 234 cat. 38: olio su tela, 90 x 68 cm, databile sul 1640. Repliche con varianti sono in collezione privata a Bologna e nel Museo di Kassel (inv. 577: 89,7 x 77,5 cm).

8 Questa coppia di algidi artisti è stata definitivamente sviscerata in tempi recenti dagli specialisti Marina Cellini (2004) e Massimo Pulini (2021).

9 Si veda ultimamente Alexander Röstel, in: Frankfurt am Main 2022/23, pp. 270–271 cat. 117.

10 Fossaluzza 2010, Abb. 92.

11 Per la verità appare del tutto conforme ai modi del Lazzarini (come già prudentemente – „Gregorio Lazzarini, Umkreis" – asserito dal Raub 2020, pp. 131–132 scheda 54) un *Cristo nell'orto* in ovale (Kat. Nr. B.194), scomparso dall'orizzonte berlinese già dal 1877, quando la non piccola tela (136 x 178,5 cm) venne data in prestito alla chiesa evangelica di Breddin, nella Pignitz (Brandenburgo). Non siamo lontani dal luogo magico di Havelsberg, al confine estremo del Sachsen-Anhalt, con cesura stabilita appunto dal fiume Havel. Il dipinto recava una generica assegnazione a 'Nachahmer des Correggio', poi tramutatasi nella dizione 'Moderne Kopie nach italienischem Meister' (*Kunstdenkmäler der Provinz Brandenburg*, 1907, p. 13). La visione diretta del *Cristo nel giardino di Getsemani*, al quale a guerra appena finita furono inferte tredici coltellate (**Fig. 11:** foto antecedente i danni), ha avuto – almeno per chi scrive – valore dirimente. (Bastanti i confronti con un *Episodio della storia di Bacco*, provvisto di *pendant*, nel 1985 sul mercato a Torino – 92 x 152 cm, e col *Rinaldo e Armida* della Narodne Galerije di Ljubljana – Inv. 3057: 121 x 161 cm). Si viene per conseguenza conquistando – in ritardo e finora fuori sede – un nuovo tassello per il barocco veneziano nella Gemäldegalerie, che è stato appena riportato a Berlino, per sanare in primo luogo un atto vandalico.di tale rara ferocia.

Giovanni Andrea De Ferrari
(Genova 1598 – 1669 Genova)

1 Maddalena penitente

Olio su tela, 112,5 x 92,5 cm
1640 ca.
Berlin, Staatliche Museen, Gemäldegalerie, Kat. Nr. 2203

L'accattivante dipinto amplifica le esili presenze genovesi in Gemäldegalerie, limitate (quanto all'età barocca, ma anche in altre epoche regna sparuta occasionalità) ai capolavori di Bernardo Strozzi (*Salomè*: Kat. Nr. 1727), Gioacchino Assereto (*Diogene e Alessandro*: Kat. Nr. 84.2) e Grechetto (*Deucalione e Pirra*: Kat. Nr. 2078), sottraendo per contro un numero al *dossier* del Van Dyck e scuola, alla quale la *Maddalena* era stata sempre data in appannaggio (Geismeier 1976, p. 30).
Esso rimase perfettamente sconosciuto fin dalla sua acquisizione da parte della Repubblica Democratica Tedesca nel 1958 per il Bode-Museum, restando di fatto sempre relegato nei depositi in ogni suo trascorso da sede a altra sede museale della galleria di pittura antica, anche dopo la riunificazione. L'opera, già proprietà del Ministerium für Volksaufklärung und Propaganda sotto il regime nazionalsocialista, era rientrato in Germania nel corso delle operazioni di restituzione di opere d'arte da parte dell'allora Unione Sovietica.
Resta lampante per la *Maddalena* l'ispirazione da modelli del fiammingo, specie nella traiettoria matura del De Ferrari, miscidata a volte con elementi di conio locale, specie del Fiasella. Ne è esempio formidabile l'*Abramo alla mensa deli* angeli nel Saint Louis Art Museum, ma metterà conto aprire credito, quanto alla *Maddalena* berlinese, a un pugno di altre opere insigni del ligure, quali la pala con la *Vergine del Rosario* in San Domenico a Varazze, la *Vergine col Bambino* in Palazzo Durazzo Pallavicini e la *Famiglia di Giacobbe*, custodita con l'*Abigail reca doni a Davide* nella Pinacoteca dell'Accademia Ligustica.
Se si dovesse postulare l'affiatamento con lo stile del Van Dyck in termini cronologici e in presenza non solo delle opere, ma dell'anversese stesso, che trascorse all'ombra della Lanterna parte dei medi/tardi anni Venti, non suonerebbe implausibile consegnare l'esecuzione dell'enumerato gruppetto di dipinti, inclusa questa *Maddalena*, tra l'estinguersi di quel medesimo terzo decennio e il corso di quello successivo.
La sfortuna esegetica di questa dimenticata pittura è costituita anche da un'apertura all'orizzonte spagnolo (affermata apoditticamente in una scheda cartacea del museo) e dall'evocazione della scuola del Murillo. Coordinate fiamminghe e sivigliane dunque, quest'ultime invero pertinenti al cono d'influenza del Van Dyck; curiosamente nessun rinvio all'italico stivale.
Accennato a opere del De Ferrari scosse da moderato vandyckismo, non potranno sottacersi modelli dell'anversese in parte utili a giustificare i modi tanto iconografici che stilistici in viraggio neotizianesco del genovese. Dunque rinviare al *Vertumno e Pomona* di Palazzo Bianco (particolarmente per la figura della dea) e alle *Età dell'uomo* del Museo Civico di Palazzo Chiericati a Vicenza (figura femminile sul lato estremo destro della composizione), senza omettere la posteriore *Vergine adorata dalla Maddalena, col Figliol Prodigo e re Davide*, oggi al Louvre.
Un'altra redazione di questo dipinto berlinese è oggi nella National Gallery of Canada a Ottawa (inv. 3749: olio su tela, 113 x 92,8 cm: **Abb. 1**), ma anch'essa – pur di qualità – non può ritenersi un originale di Anton Van Dyck, tradendo d'ispirarsi un po' accademicamente al fresco dipinto del De Ferrari, portandolo a finitezza con l'aggiunta di dettagli iconograficamente dirimenti, quali la croce posta in alto a destra, conficcata nella roccia. Se si ammette che la versione di Berlino sia il prototipo, quella di Ottawa tradisce i modi, anche oleografici, giusto di un Murillo, ma già sulla metà del secolo. Restando la critica tuttavia ancorata al nome dell'anversese Van Dyck, Hans Tietze (1936, p. 184), di contro all'opinione filoitaliana pronunciata dal museo canadese, pensò realisticamente a un intervento della bottega, mentre il Glück (1931, pp. 218, 542 – l'opera, già a Londra, presso Asscher & Welker, poi nella collezione di Edwin Lloyd a Dublino, fu donata alla National Gallery of Canada da Mr. William Southam, Ontario) e sulle sue orme il Larsen (1980, cat. 575; 1988, II, pp. 290–291), promossero la tela a autografo certo del Van Dyck nel suo secondo periodo anversese, per vero „redolent with Italianate souvenirs".
In realtà nel catalogo di Laskin e Pantazzi (1987), nel quale la redazione canadese viene sì rubricata quale 'Italian or Spanish, 17th c.', tutto concorre già verso la direzione ermeneutica scelta poi (Contini 2011) per quella tedesca. Già nel catalogo del 1969 si suggerisce un'apertura verso un 'Italian (perhaps Genoese) Follower of Van Dyck', che pochi anni dopo si cristallizzerà nel *Census* di Fredericksen e Zeri (1972, p. 70) sul nome specifico di Giovanni Andrea De Ferrari, rifiutato (ma non le generali coordinate liguri)

da Laskin e Pantazzi (1987, p. 148). Tra le ulteriori derivazioni contano quella, leziosetta, col Crocifisso surrogato da natura morta di oreficeria e tessile, a Den Haag, Mauritshuis, inv. 431, olio su tela, 137 x 121 cm, già creduta del Lievens (Mauritshuis 1977, p. 89 come 'Flemish School'; *The Royal Picture Gallery Mauritshuis* 1985, p. 476: 'Anonymous'); la tela (106 x 88,9 cm) annessa a un'esposizione della londinese Spink Gallery (1921, cat. 22), infine la tavoletta già presso Lord Savile, Rufford Abbey, esitata presso Christie's London il 18 novembre 1938 (lotto 122, 85 x 60 cm, come seguace di Rubens), giudicata mediocre da Sir Ellis Waterhouse (Laskin, Pantazzi 1987, p. 148).

Orfana di cornice, la *Maddalena* si fregia adesso – grazie alle cure di Rainer Wendler prima e di Bertram Lorenz poi – di una magnifica 'palatina' (di fattura florentina tra Manierismo e primo Barocco), promossa autarchicamente allo scopo dal deposito della Gemäldegalerie (inv. 90.22: **Abb. 2**).

Bibliografia:

Geismeier 1976, p. 30; Laskin, Pantazzi 1987, pp. 327–328; *Gesamtverzeichnis* 1996, p. 43, 284 fig. 941; Contini 2011, pp. 352–355, tav. XXXII a colori.

Cristoforo Savolini, attribuito a
(Cesena 1639 – 1677 Cesena)

2 Suicidio di Lucrezia

Olio su tela, 77,5 x 64,5 cm
1660–70 ca.
Berlin, Staatliche Museen, Gemäldegalerie, Dauerleihgabe Günter Leidner

Non vi è altro esempio nelle collezioni berlinesi di pittura emiliano-romagnola d'influsso reniano e guercinesco, dunque di secondo Seicento, ma d'altro canto nemmeno di eroine in solitaria azione suicida, come nel caso in oggetto Lucrezia. Emblemi di virtù, orientate sull'annichilimento piuttosto che sopportare il destino infamante, tali figurazioni ridondavano nelle collezioni d'arte barocca, non di rado anche in serie rappresentative di condotte virtuose.
La giovane disperata, gli occhi velati di lacrime, e tuttavia la decisione fatale risolutamente presa, stinge più nei precedenti del Guercino che in quelli, copiosi, della scuola del Reni, di norma fisionomicamente più generici, anche nella maschera del volto, setto nasale corto, ma piatto e largo nell'innesto sulla fronte, affiancato dalle sopracciglie circonflesse, che tanto piaceranno ai fiorentini dell'epoca, sul tipo di Cesare Dandini.
Il dipinto fotografa, immune da cruente esondazioni, il momento della risoluzione, appena precedente l'atto irrimediabile del trapassare il petto col pugnale brandito nella destra. La moglie violata di Tarquinio indossa indumenti adeguati al suo lignaggio, veste blu notte, scialle vaniglia e camicia candida, orecchino di perla pendente dall'orecchio sinistro in vista: abbigliamento descritto in termini di non perfettamente a fuoco, caso comune anche alla chioma castana.
Tali accenti espressionistici si direbbero attingere a esempi non necessariamente emiliani, quanto piuttosto specifici della conregione Romagna, il cui grande portavoce nell'età barocca fu un figlio del borgo di Sant'Arcangelo, poi migrato a palcoscenici internazionali, Bologna, Venezia, Vienna: Guido Cagnacci.
Le ansie espressive, il *flou* descrittivo, indirizzano quest'immagine verso la sfera d'influenza del Cagnacci, e ripagano d'una medesima, algida moneta le aspettative quanto a nobiltà d'escuzione. L'innesto delle memorie guercinesche su opere capitali del romagnolo Cagnacci emettono suoni critici non distanti, eppure accenti più personali invitano a trascegliere, nel breve manipolo dei grandi figli di Cesena, città di Romagna acclamata in scuola nelle arti figurative seicentesche, il nome più raro di Cristoforo Savolini. Di questo ottimo artefice si rinvia a una sola opera, la pala con i *Santi Carlo Borromeo, Donnino e Apollonia* (Cesena, San Domenico) estraendone il dettaglio, vivamente naturalistico e stagliato su di un fondale di cielo quanto mai atmosferico, della santa Apollonia (**Abb. 1**). Ma qui il tono generale svela maggiore veemenza plastica (anche per i turgori del lume sulle ascendenze del quasi maschile volto) rispetto al caso presente, consigliando – a parità di scintillante pregio – di tener ancora ben tirate le briglie per una nuova definizione onomastica, considerati per giunta gli accenti stilistici comuni all'altro Cristoforo cesenate di questo tempo barocco, il non meno grande Serra. Nelle repentine escursioni di stile di quest'ultimo maestro albergano convergenze con l'autore della *Lucrezia* Leidner, specie nella tela di analogo tema, ma quanto più baldanzosa e virile, oggi nella collezione della Fondazione Cassa di Risparmio di Cesena / Crédit Agricole, oppure in quella di assai più tenere, rassegnate stimmate, col *Suicidio di Catone* (Ginevra, Galleria Rob Smeets).

Bibliografia:
inedito

Giovan Battista Crespi, detto Il Cerano, attribuito a
(Romagnano Sesia 1573 – 1632 Milano)

3 San Giovanni Battista fanciullo

Tavola di pioppo, 42 x 56 cm
1620 ca.
Berlin, Staatliche Museen, Gemäldegalerie, Kat. Nr. 220

Questo accattivante dipinto fu acquistato nel 1841/42 e si aggiunse all'unica altra opera di dichiarata origine lombarda della Gemäldegalerie, il piccolo e squisito *Sogno di San Giuseppe* di Francesco Cairo (Kat. 5), refluito dalle raccolte dei castelli prussiani.
Relegata nei depositi e, fino a questa mostra (**Abb. 3**), senza cornice, la tavola è stata restaurata da Asako Sone, con supervisione di Ramona Roth. Si tratta di una pittura di decoroso piglio, per la quale il nome del Cerano reca le coordinate stilistiche vincenti e – si vorrà aggiungere – stimmate di qualità da quello davvero non remote. In passato orientata dallo scrivente (Contini 2005) sul nome di Melchiorre Gherardini, detto il Ceranino, originale seguace del maestro, l'opera funziona meglio sul fronte dello stile, giusto sotto la campana del caposcuola che di qualunque altro calpestatore delle di lui orme.
La tipologia fanciullesca segue esempi cinquecenteschi del Piemonte orientale, certo non alieni dalle possibilità di verifica del novarese Cerano. Tra questi sarà sufficiente nominare il fecondo Bernardino Lanino e una crestomazia di suoi dipinti, quali la *Madonna del Baldacchino* in San Paolo a Vercelli, la *Vergine col Bambino, due santi e un devoto*, oggi a Brera, infine – e particolarmente ficcanti – gli *Angeli reggicartiglio* già in San Cristoforo a Vercelli e oggi nel Museo Borgogna di tale città.
La fremente definizione *flou* del giovinetto e del circostante paesaggio trovano buoni confronti nel catalogo interno del Crespi, tali la porzione inferiore sinistra del famoso quadro delle tre mani (Morazzone, Cerano, Giulio Cesare Procaccini: 1617/18, comunque anteriore al 1625) custodito nella Pinacoteca del Castello Sforzesco e la *Madonna e i santi Francesco, Carlo Borromeo e Caterina d'Alessandria* degli Uffizi. Confronti che suggerirebbero una datazione non antecedente il 1620. E' parimenti parlante l'adesione a medesime categorie descrittive del mondo fanciullesco/adolescenziale da parte di Giulio Cesare Procaccini.
L'iconografia del Precursore fanciullo espressa in questi termini è ben radicata nel catalogo del Cerano e della sua scuola, come provato dalla ridondante enumerazione delle versioni già presso Alessandro Orsi a Milano, nella collezione Koelliker ugualmente a Milano, in collezione Briganti e degli esemplari trascorsi presso le case d'asta Pandolfini, Semenzato e Dorotheum. Ma particolarmente prossima, per vero anzi pedissequamente ricalcante il prototipo berlinese, quasi identica e sovrapponibile (43,3 x 58,1 cm) per dimensioni, è la tavola (**Abb. 1**) custodita nella Slovenska Národná Galería a Bratislava (Inv. O 3265), per la quale i curatori del catalogo della pittura italiana hanno accettato il riferimento a Melchiorre Gheradini (Ludiková, Buran 2013). Posto che la tavola berlinese sia archetipica di quella slovacca, la seconda offre una normalizzazione esecutiva, ma anche accenti bozzettistici, come nelle mani rossastre del Giovannino, che oltre alla Lombardia spingono il canocchiale verso la limitrofa Liguria di Bernardo Strozzi, senza che si debba assistere a una resa senza condizioni della qualità. Affatto arbitraria è la tenue spalmatura d'ombra sulla spalla destra del santo bambino, come se causata dalla canna sorretta con la destra e assente nella redazione berlinese.
Dopo la pulitura e il restauro, i termini di pertinenza alla sfera del Cerano appaiono più convincenti rispetto alla sospettata paternità di un ingegno non secondario, ma – come dire – più bambolesco e reciso nei contorni, quale fu Melchiorre Gherardini. Penso, se suo, al *Martirio di San Sebastiano* testimoniato da un'immagine della Fototeca Zeri (Università di Bologna), quando il dipinto negli anni Novanta figurava sul mercato bresciano, oppure alla *Vergine col Bimbo e San Giovannino* di ubicazione ignota, già sul mercato tedesco. Per contro, dal catalogo certo del Gherardini metterà conto isolare il San Sebastiano nel *San Sebastiano curato da Irene* di collezione privata varesina, gli angioletti che si trastullano con gli attributi del santo nella pala con *San Carlo Borromeo* in San Giovanni Battista a Melegnano (datata dal Bona Castellotti – 1985, fig. 315 – al 1630 circa) e soprattutto il fanciullo seduto con cane sul primo piano del sesquipedale *Sposalizio della Vergine* in San Giuseppe a Milano (Bona Castellotti 1985, fig. 317, propone una datazione posteriore al 1632 – la pala era stata commissionata al Cerano nel 1629 e fu terminata dal Gherardini nel 1632 „probabilmente su disegno del maestro": Spiriti 2000).
Un ceranesco non disdicevole alle qualità del piccolo *San Giovannino* berlinese è nelle sue opere migliori anche Gerolamo Chignoli, particolarmente nella vasta pala firmata con *San Bonaventura* in Santa Maria del Paradiso a Milano (**Abb. 2**), che Bona Castellotti (1985, fig. 161) suggerisce di datare intorno al 1630.

Bibliografia:

Gesamtverzeichnis 1996, p. 36, fig. 2525; Rosci 2000, pp. 245–246, Kat. 166, fig. p. 246; Contini 2005, pp. 75–80; Ludiková, Buran 2013, pp. 242 sgg.

Daniele Crespi
(Busto Arsizio o Milano 1597 ca. – 1630 Milano)

4 Tobiolo guarisce il padre

Tavola di pioppo, 89 x 68,3 cm
1620–30 ca.
Berlin, Staatliche Museen, Gemäldegalerie, Dauerleihgabe Günter Leidner

Grazie alla decisiva addizione di questa tavola, la Gemäldegalerie guadagna un nuovo numero al quasi inesistente comparto dei seicentisti lombardi (tre opere in tutto, una sola esposta) e l'assorbimento di un primattore di quella scuola: Daniele Crespi. Orfana di opere dei grandi pittori a cavallo del nuovo secolo – Cerano, il cui eccellente dipinto con il *Voto dei Santi francescani* è caduto vittima della guerra; Giulio Cesare Procaccini; Morazzone – , com'è purtroppo in generale il caso delle raccolte pubbliche germaniche, si può avviare adesso con il *Tobia risana il padre* (episodio famoso, tratto dagli apocrifi dell'Antico Testamento, Libro di Tobia 11, 13 sgg.) una lenta riconquista per la Gemäldegalerie delle posizioni collezionistiche lombarde del Seicento e invero sul piano dei protagonisti.
Con Daniele Crespi è adesso rappresentato (contumace ahimè Tanzio da Varallo, che tuttavia, pur reiteratamente operoso per Milano, discendeva dalle alpi piemontesi) il maggior pittore del terzo decennio del Seicento, l'unico che Daniele, scomparso poco più che trentenne, ebbe in sorte di poter percorrere.
Formatosi con maestri adeguati al suo livello, Cerano e Giulio Cesare Procaccini, il Crespi seguì soprattutto il primo nelle contaminazioni espressive del Manierismo internazionale, aumentando il dosaggio della descrizione naturalistica, senza però privarsi completamente della vena caricaturale così tipica dei lombardi cinque e secenteschi. Per contro, la gonfia attitudine tridimensionale e una certa qual magniloquenza d'impianto conseguono all'esperienza procacciniana.
L'opera in esame trova numerosi punti di contatto con la grande pala col *Cristo risana il cieco nato*, destinata all'Ospedale di San Matteo a Pavia (ora in deposito nella Pinacoteca Civica). A volerne citare anche solo uno, basterà porre in parallelo il volto del biondo lungocrinito Tobia con quello dell'astante a sinistra, provvisto di analogo soma, le mani alzate in mimica di stupore per il miracolo in atto (**Abb. 1**). Anche in questo suo atteggiarsi psicologico non distante dal Tobiolo del quadro Leidner.
Le sfumature grottesche, che tanto segnano l'originalità del Crespi e le cui radici probabilmente stanno – come per il maestro Cerano – nei modi rudolfini dell'ultimo quarto del Cinquecento, si alternano a una maggiore vocazione al naturale. Già nella contenuta misura della tavola Leidner, ne abbiamo avvisaglia nella maschera ossuta di Anna, madre di Tobia, stenograficamente fissata nell'angolo superiore destro della composizione. Un chiaro precedente per artisti sopra le righe quali i veneti Pietro Vecchia e Antonio Carneo, tale sigla senile si legge in una con la malmostosa Abra, posta a lato della *Giuditta giustiziera* già presso Sotheby's a Firenze sotto il nome di Giulio Cesare Procaccini (25.11.1980, lotto 220, olio su tela, 100,5 x 130 cm: Neilson 1996, pp. 65 cat. 81, 134 fig. 7B).
Sul piano fisionomico affiorano sovrapposizioni ricorrenti, bastante sarà quella sul *Cristo lava i piedi degli apostoli* in Santa Maria della Passione a Milano (ante d'organo chiuse, olio su tela, 600 x 205 cm ciascuna), latore di un modello affine, ancorché meno adolescenziale, al Tobia (**Abb.2**). Suture morfologiche si offrono numerose quanto alla struttura longilinea e a volte piatta e squadrata delle falangi, autentico *leit-motiv* del Crespi. Una specie identificabile agevolmente nell'*Incredulità di San Tommaso* di collezione privata (Neilson 1996, pp. 61 cat. 60, 111 tav. XIX colore: olio su tela, 117 x 148,5 cm: **Abb. 3**), nell'*Estasi di Santa Giovanna di Valois* della Santissima Annunziata del Vastato a Genova o nei *Santi Pietro e Paolo* della Pinacoteca di Brera (reg. cron., n. 972: olio su tela, 45 x 55 cm).
Arti e canne nasali camuse ricorrono parimenti – a giudicare dalle vecchie foto sopravvissute – nel *Ritratto di gentiluomo anziano* (Kat. Nr. 408A) sottratto dalla guerra alla collezione berlinese (v. saggio in catalogo).

Bibliografia:

Wien, Dorotheum, 28 marzo 1944, lotto 14, tav. 4 („Bolognesischer Maler des späten 16. Jahrhundert aus dem Kreis des Guercino"); Wien, Dorotheum, 3 ottobre 1944, lotto 7 („Bolognesischer Maler des späten 16. Jahrhundert aus dem Kreis des Guercino"); München, Neumeister Kunstauktionshaus KG, Auktion 206, 9/10 dicembre 1981 (Freiwillige Versteigerung aus verschiedenem Besitz), p. 121, lotto 1197, tav. 150: „Italien (Giovanni Andrea de' Ferrari – Kreis?), um 1600".

Francesco Cairo
(Milano 1607 – 1665 Milano)

5 Il sogno di Giuseppe

Tavola di noce, 42,2 x 29 cm
1630 ca.
Provenienza: castelli reali di Prussia
Berlin, Staatliche Museen, Gemäldegalerie, Kat. Nr. 355

Proveniente dai castelli reali, la tavoletta è stata ed è tuttora l'unica opera del Seicento lombardo entrata nel circuito espositivo della collezione permanente. Presentata adesso in una medesima parete col *Tobiolo risana il padre* di Daniele Crespi (cat. 4) e con il *San Giovanni Battista fanciullo* della cerchia del Cerano (cat. 3), il settore è – nella sua magrezza – praticamente al completo. Resta in attesa di riabilitazione conservativa il magnifico *Ritratto di Lorenzo Tironi* (Kat. Nr. 2222: olio su tela, 99 x 75 cm; donato nel 1958: **Abb. 1**), opera di metà secolo affluente alla pittura italiana nordoccidentale, forse più piemontese (ma del Piemonte novarese – giusta l'iscrizione apposta a sinistra sulla tela l'effigiato era arciprete della cattedrale di Novara – per antonomasia 'lombardo') che propriamente milanese o largamente lombarda. Il ritratto è oggetto di studio di uno specialista della stoffa di Filippo Maria Ferro.
Da siffatta preterizione appare chiaro il cospicuo ruolo che in tale contesto riveste la pittura del Crespi promessa in dono da Günter Leidner, un nome nuovo – e quale nome – in un settore striminzito, malrappresentato di una galleria a vocazione universalistica.
Creduto anticamente – come prova un'iscrizione a tergo – opera del Correggio, il dipinto è ricordato nel Palais di Sanssouci a Potsdam dall'Österreich (1773, p. 25) con più pertinente collocazione nel tempo e nel luogo di origine, favorendo un'attribuzione a Giulio Cesare Procaccini, che ha resistito per tutto l'Ottocento.
A partire da Nicodemi (1922, p. 16), la collocazione nella scuola lombarda mutò di referente, preferendosi il nome di Pier Francesco Mazzucchelli, detto il Morazzone. Sarà solo con Testori (1952, p. 36; 1955, p. 60) che la corretta paternità del giovane Francesco Cairo intorno al 1630 fu definitivamente ripristinata.
Artista variabilissimo nello stile, capace di rivestire coccarde le più magnifiche e sciatterie imperdonabili, il Cairo veste i panni di maggior pregio giusto nella sua fase iniziale, intorno al 1630, alla quale pertengono pitture da leggersi in unità di stile e di forma emotiva con questo esempio della Gemäldegalerie. Ciò è particolarmente vero per l'*Orazione nell'orto* della Galleria Sabauda di Torino e per il *Sacrificio d'Isacco* in collezione privata del Piacentino e massimamente per il bislungo *Sogno di Elia* (**Abb. 2**), soprastante l'*Adorazione dei Magi del* Morazzone, nel transetto destro di Sant'Antonio Abate a Milano. Chiesa che ospita provvidenzialmente anche la pala, satura di espedienti luministici miracolistici, con lo *Svenimento del Beato Andrea Avellino*, databile non posteriormente al 1632 (termine dei lavori di decorazione del sacro edificio, in accordo con una perduta lapide posta sulla facciata della chiesa). Il santo procombente offre affinità di postura col Giuseppe berlinese e tradisce memoria delle impostazioni romane per diagonali delle pale d'altare, come quelle divulgate dal Vouet e dal Lanfranco negli anni venti del secolo.
A questa altezza della propria carriera, il Cairo appare ancora investito di stimmate morazzoniane, sulle quali si spalma un'attitudine naturalistica al creare contrasti chiaroscurali, rotondità formali, pur sempre applicate a formule neomanieristiche, sostanziate da scorci vertiginosi e da marcata originalità, talvolta nei termini di un sognato reale, che apparentano il lombardo – egli tuttavia su di loro sempre in anticipo – a veneti sul tipo del Maffei, toscani quali il Mazzoni e il Ricchi, e visionari spagnoli quali il Valdés Leal o Herrera il giovane.
Firma di questo Cairo grosso modo venticinquenne è certo il singolare angelo in volo, sorta di pteropus giganteus rosso-verde, perfettamente contestualizzato con le menzionate opere milanesi di Sant'Antonio Abate, allo stesso modo del sottinsù luministico – scomodamente sdraiato, senza sostegno – del Giuseppe dormiente.
Artista capitale del Seicento lombardo, almeno fino a poco oltre il 1640, Cairo è a maggior ragione emblematico del dopo Morazzone, primeggiando in un contesto di pur buoni artisti, quali i fratelli Montalto.

Bibliografia:
Österreich 1773, p. 25; Waagen 1830, p. 91 no. 346; Nicodemi 1922, p. 16; Testori 1952, p. 36; Testori 1955, p. 60; L. Basso, in: Varese 1983, pp. 102–103 cat. 11, tav. VIII a colori; *Gesamtverzeichnis* 1986, p. 20, 471 fig. 1353; *Gesamtverzeichnis* 1996, p. 26, fig. 2487; Frangi 1998, pp. 55, 233–234 cat. 8, fig. 11, tav. III a colori.

Antonio Zanchi, attribuito a
(Este 1631 – 1722 Venezia)

6 Abramo caccia Agar

Olio su tela, 121 x 100,5 cm
1670–77 ca.
Collezione privata

Dipinto fino a questo segno sconosciuto e ancora da determinare nella sua precisa paternità, fu acquistato dai genitori dell'attuale proprietario nel 1972 a Montevideo.
Riconosciuta prudentemente alla scuola italiana del Seicento, la tela venne circoscritta, quanto all'esecuzione, alle scuole genovese e napoletana – nell'ambito di una più generica appartenenza al seguito del Caravaggio – da Peter Eikmeier delle Bayerischen Staatsgemäldesammlungen, in una comunicazione scritta al padre del proprietario. E' tuttavia parlante la prossimità alla pittura veneziana della seconda metà del diciassettesimo secolo, nell' ambito di un Ruschi e soprattutto di uno Zanchi. Tale orientamento fu immediatamente (lettera del 9 novembre 1987), sostenuto da un autentico specialista, quale Gerhard Ewald (al cui parere Eikmeier aveva consigliato di attenersi).
Tuttavia l'Ewald si era orientato per una cronologia sul primo Settecento, in forte vicinanza con l'opera di Sebastiano Ricci o di Antonio Balestra. Allo scrivente tali rapporti paiono prevedere una modernità di tratti sconfessata dallo stile, dove invece l'accarezzata monumentalità dell'imposto, decrescente dalla torreggiante immagine di Agar col suo pesante rampollo all'Abramo in rosso fuoco, il cui gesto è imperioso solo all'apparenza. Ancor più monumentale, in virtù della descrizione in secondo piano, assorbita dalle penombre del fondo, è l'anziana immagine di Sara, della quale è inondata di luce la sola mano sinistra, costruita con singolari, lunghissime falangi. Una formula idiosincratica che parla ancora di legami con i modi di Antonio Zanchi, mentre la mezza figura del fanciullo di schiena (Isacco ?), sul primo piano della composizione, con quegli indumenti (camicia grigia e scialle tabacco) incavati e geometrizzanti, tiene piuttosto ancora memoria dei vizi rappresentativi di Francesco Ruschi, il pittore romano maestro giusto dello Zanchi. Il rapporto col Ruschi si esaurisce per vero nella monumentalità della Vergine nella pala raffigurante la *Vergine con i santi Matteo, Francesco e Elena* in San Pietro di Castello o nella Sant'Orsola della pala (le *Sante Orsola e Maddalena*) nella chiesa delle Terese, entrambe a Venezia. Lo scorcio del viso di Agar ricorda vagamente l'angelo in alto nella tela di Girolamo Forabosco in San Nicolò ai Tolentini, con *San Magno vescovo presenta il modello della chiesa di San Zaccaria.*

Se l'ottima pittura qui esposta dovesse essere letta davvero nel cono d'influenza dello Zanchi, non andranno sottaciuti i rapporti con artisti a questo longevo caposcuola intimamente legati. Una mano vicinissima, per quanto forse meno abile, è responsabile di un *Vertumno e Pomona*, conservato come Pittore norditaliano di metà Seicento nel Hessen Kassel Heritage, Gemäldegalerie Alte Meister (inv. GK 1052, tela, 142,5 x 118,5 cm). Concepita in termini quasi simmetrici alla Agar qui discussa, la figura di Pomona è descritta sedente, con taglio del volto più contrastato, ma similissimo, e parimenti in compagnia di una donna anziana in penombra, camuffamento dello spasimante Vertumno. Una sigla fisionomica che ricorre, sia pur in termini maggiormente espressionistici, nella *Vergine col Bambino* del fiemmese Giuseppe Alberti (Bolzano, Museo Civico). Proprio l'Alberti è figura chiave nei rispetti stilistici di questa *Agar cacciata* e si potrà alludere almeno al *San Vigilio* del Museo Diocesano Tridentino di Trento, del 1673, ai fini di scovare, nell'angioletto biondo e riccio (**Abb. 1**) chinato sul primo piano – di aspetto vivamente vouetiano – un compagno di giochi per l'Ismaele vagamente corrucciato, che fa da zavorra al braccio sinistro della madre.
L'autore di questo *Ripudio di Agar* – dipinto linguisticamente nuovo nel contesto veneziano del secondo Seicento – mostra di aver attinto a svariate fonti, sia del suo tempo, che di passate generazioni. Quanto alle seconde, un importante precedente è la pala dello strozziano Ermanno Stroiffi nella chiesa veneziana dell'Ospedaletto (*Madonna col Bambino e i santi Battista, Antonio e Giacomo*, firmata e datata 1652), particolarmente per la descrizione in controparte della Vergine, rispetto a Agar. Certamente episodica è la relazione tra Agar e la figura al centro nell'*Allegoria del Podestà Vincenzo Dolfin* (1647) di Giulio Carpioni nel Museo Civico di Vicenza, mentre un'ispirazione più credibile pare essere stata attinta da opere di Pietro Liberi, quali la *Predica di San Francesco Saverio* ai Gesuiti (motivo del ragazzo in basso di schiena) e soprattutto – pittura condotta dal Liberi in collaborazione col figlio Marco – la Vergine di profilo dipinta alla sommità della *Gloria di Sant'Antonio da Padova* (Padova, Basilica del Santo), del 1665, quale è lampante leggere accanto alla figura di Agar.

Ricordando solo di passaggio rari punti di contatto con altri protagonisti del secondo Seicento veneto (il luminista Ludovico David; il regolare, controllato Girolamo Pellegrini; il veronese Alessandro Marchesini; Louis Dorigny), è inevitabile insistere ad avvicinare i modi della *Cacciata di Agar* a quelli del più fecondo di tutti i veneti dell'epoca, Antonio Zanchi, senza però sottacere dei passi comuni al meno osannato Antonio Fumiani, autentico protagonista in sordina del barocco veneziano.

Se di quest'ultimo potrà suonare casuale la curvatura del busto della Vergine – rispetto a Agar – nella *Madonna e Santi* in San Beneto a Venezia (1668), un più stretto legame sembra saldare la coppia Agar-Ismaele e la donna stante con bimbo in collo a sinistra nella *Presentazione di Gesù al tempio* del Fumiani nel Duomo di Padova. Mondi figurativi permeabili, come desumiamo – forse con rovesciato ritmo del dare e avere – dal famoso soffitto di San Pantalon a Venezia (1684–1704), estraendone almeno il binomio Cristo e adultera.

Pur essendo il dipinto una sorta di cartina di tornasole dei diversi stili conviventi nella Serenissima nell'ultimo terzo del secolo decimosettimo, e bisogna dire ottimamente compendiati, il compartimento più adatto a ospitare il *Ripudio di Agar* è – sia detto ancora un'ultima volta – quello del caposcuola dal largo comporre, dagli sfumanti chiaroscuri, Antonio Zanchi, nel quale affioreranno sì lemmi stilistici del maestro Ruschi, ma senza residuo alcuno delle geometrizzazioni, delle secchezze linguistiche e degli schematismi da decalcomania di questo. Un elemento quasi dirimente è il senile volto in penombra di Sara in questo inedito dipinto, se confrontato con quello di astante velata ospitato nella tela maggiore della *Peste di Venezia del 1630* (1666), sulla scalinata di destra nella Scuola Grande di San Rocco, capolavoro del pittore di Este (**Abb. 2**).

Nella copiosa produzione dello Zanchi basterà poi isolare pochi pezzi, tali da denunciare una prossimità per frammenti, forse non ancora una identità di mano inequivocabile. Pensiamo alla *Glorificazione del Podestà Antonio Loredan* nella Rotonda di Rovigo, del 1673, con la postura della Vergine (**Abb. 3**) non dissimile da quella di Agar, oppure al *Giuseppe presenta al Faraone il padre Giacobbe e i fratelli* della Residenz di Monaco di Baviera, nella quale composizione la mano destra di Giuseppe mostra una ficcante analogia con quella, ugualmente destra, della serva di Sara. La coppia Agar-Ismaele tiene poi qualcosa di quella Vergine-Bimbo in altro telero rodigino dello Zanchi, con la *Glorificazione di Verità Zenobio*, del 1682.

Tirando le somme, l'autore di questo pregevole tema della Genesi si muove in parallelo con uno degli artisti più affermati della Venezia di secondo Seicento (e oltre), appunto lo Zanchi, senza nascondere affinità – che si direbbero esclusivamente casuali – con uno zanchiano periferico, il fiemmese Giuseppe Alberti. Altri paralleli con un artista più moderno, quale Antonio Molinari, specie nella *Moltiplicazione dei pani e dei pesci* (1675–97 circa) in San Pantalon a Venezia, ma anche nella *Madre dei Gracchi* (Bologna, collezione privata) e nella figura della Maddalena nella *Cena in casa del Fariseo* della chiesa della Maddalena a Treviso, indurrebbero a leggere fantasiosamente nella *Cacciata di Agar* come una primizia del Molinari stesso, in alternativa al suo ben più coerente apprezzamento quale opera sceltissima dello Zanchi. Per difetto di passibili confronti è invece prudente frenare l'impulso a ornare di questo esito maggiore lo smilzo catalogo di Giuseppe Alberti.

Bibliografia:
Inedito

Antonio Zanchi
(Este 1631 – 1722 Venezia)

7 Sansone e Dalila

Olio su tela, 128 x 213,5 cm
1670–80 ca.
Berlin, Staatliche Museen, Gemäldegalerie, Dauerleihgabe Günter Leidner

Un adeguato punto di riferimento per questo grande telero del più prolifico dei cosiddetti 'tenebristi' veneti è l'immensa pittura (775 x 980 cm) custodita nell'abside della chiesa veneziana di San Zaccaria, dedicata alla *Processione per la traslazione delle reliquie dei santi Pancrazio e Sabina*. L'episodio, accaduto nel 1595, viene riprodotto quasi cent'anni dopo (1684) dall'atestino Zanchi nei termini di uno stipatissimo narrare, sostenuto da una tavolozza quanto mai variata e da una magniloquente vena narrativa e d'ambientazione, facente perno sullo scaleno baldacchino centrale, sopra il quale l'artista ha incorporato nella finzione figurativa l'oculo soprastante, elemento invero della originaria struttura architettonica.

Le definizioni dei personaggi che attorniano il vescovo officiante sulla sinistra della composizione sono di una medesima specie di alcuni di quelli introdotti da Zanchi nel *Sansone e Dalila* Leidner, qui commentato.

Ai fini di una breve silloge di affini tipologie, mette conto comparare almeno il vasto dipinto della basilica bergamasca di Santa Maria Maggiore con *Mosè fa scaturire l'acqua dalla roccia*, documentato al 1668–70, estrapolandone in particolare la figura nel fondo con copricapo di stracci, in rapporto col soldato con elmo in secondo piano nella pittura qui presentata. In uno dei numeri più ragguardevoli del catalogo di Zanchi, il *Miracolo di San Giuliano* nella chiesa veneziana dedicata al santo (San Zulian), il volto del soldato a torso nudo descritto a sinistra ben si accorda a quello di Dalila nel quadro Leidner. Pari affinità leggeremo tra la stessa Dalila e il volto dell'angelo tenuto per mano nella pala con gli *Angeli custodi dell'umanità*, posto sul suo altare nella Theatinerkirche di Monaco di Baviera nel 1677, così come l'angelo adolescente accompagnato da un angelo più maturo, sulla destra, è della stessa specie delle figure descritte macchiettisticamente in lontananza nel settore sinistro della tela Leidner, tra lo scudo e la schiena del soldato fissato tergalmente. Il soma così marcato di Dalila, dal lungo distendersi delle arcate sopraciliari, trova il più convincente dei confronti nelle tipologie della figlia nel *Jefte sacrifica la figlia* (già creduto tematicamente un 'David e Abigail') nella collezione Durazzo Pallavicino a Genova (**Abb. 1**).

In linea generale tuttavia, su di un medesimo piano compositivo sostenuto da viva teatralità – sulla falsariga stilistica di Luca Giordano e naturalmente di Pietro Ruschi, maestro dello Zanchi – occorre annettere alla discussione la vasta *Morte di Lucrezia* del Musée Antoine Lécuyer a Saint Quentin (**Abb. 2**), probabilmente da situare nell'ottavo decennio del Seicento, ma anche il posteriore (1680/83) *Martirio di Sant'Antonio* in Santa Maria del Giglio o Zobenigo a Venezia, preziosa custode di un contemporaneo capolavoro di Carlo Loth. L'impianto tumultuoso è certo nelle corde del *Sansone e Dalila*, così come l'atteggiamento dello sgherro con spada sguainata a metà quadro ricorre nel soldato del dipinto Leidner.

Abbandonate le analisi interne all'opera zanchiana, nel più largo contesto della pittura a lui contemporanea o di poco pregressa, non si dovranno sottacere le coincidenze di stile col suo fecondo contemporaneo, il padovano Pietro Liberi. Parlante – specie nelle esibite rotondità dei volti – è il raffronto con l'*Allegoria delle Virtù e dei Vizi* di Palazzo Ferro Fini a Venezia (sede del Consiglio Regionale del Veneto), ritenuta pertinente al settimo decennio del secolo. E non meno quelli con la *Venere e le Grazie* del Fredericksborg Slot di Copenhagen, le *Tre Grazie e Amore* di collezione privata, infine con un ulteriore capolavoro in terra germanica, la *Betsabea* del Hessen Kassel Heritage. Ancor più palese è la memoria che il volto plastico di Dalila prepotentemente serba, dei modi del lagunare *ad interim* Guido Cagnacci, nel caso specifico veicolati per certo dal forsempronese Giuseppe Diamantini (1623 – 1705), dal 1655 circa veneziano d'adozione. La tenue precedenza cronologica del marchigiano sullo Zanchi invita a qualificare quali fonti del pittore estense tanto il telero di collezione privata con *Il Vento e l'Oceano sferzano la Terra per dare origine alla Laguna di Venezia* (olio su tela, 209 x 228 cm: Luca Baroni, in: Fossombrone 2021, pp. 104–105 cat. P.8), soprattutto sul piano compositivo generale, quanto e particolarmente la cosiddetta *Allegoria dell'Amore* (**Abb. 3**) del Museo d'arte Medioevale e Moderna di Padova (legato Capodilista: Marina Cellini, in: Fossombrone 2021, pp. 100–101 cat. P.6).

Una più larga redazione (215 x 285 cm) del tema in esame, accompagnato da un *Alessandro dinanzi al corpo di Dario*, si conserva in Palazzo Albizzi a Venezia, mentre uno sciatto disegno preparatorio a suo tempo segnalato da Michelangelo Muraro al Riccoboni e assai prossimo alla redazione Leidner – *rara avis* quanto a fogli propedeutici a un'opera realizzata nel *corpus* del Zanchi – è ospitato nel fondo Santarelli delle raccolte grafiche degli Uffizi, (Firenze, GDSU, inv. 7980 S: matita nera, penna nera, acquarello bistro su carta bianca, con attribuzione basata sull'iscrizione 'Zanchi' sottostante la gamba sinistra dell'eroe: Riccoboni 1966, pp. 120, 128 fig. 108; Mariolina Olivari, in: Zampetti 1987, p. 591 scheda 190, fig. 697). IL telero – oggi ospitato in una preziosa cornice toscana barocca delle collezioni della Gemäldegalerie (**Abb. 4**) – fu prestato e esposto dagli anni Novanta all'agosto 2013 al Deutschordensmuseum a Bad Mergentheim (oggi Residenzschloss Mergentheim der Staatlichen Schlösser und Gärten).

Bibliografia:
inedito

Provenienza:
Domenico Bossi (Trieste 1767 – Monaco di Baviera 1853); München, Galerie Helbing, 29 settembre 1917, no. 68 („Venetianischer Maler in der Art des Carlo Loth/ 17.Jahrh. / Simson und Delila. Simson auf dem Lager seine Fesseln sprengend. Delila erscheint hinter ihm mit der Schere. / Öl auf Leinwand. 119 x 205 cm."); acquirente Walter Beyerlen (comunicazione della Dr. Franziska May).

Johann Carl Loth
(Monaco di Baviera 1632 – 1698 Venezia)

8 Gara musicale di Apollo

Olio su tela, 98,3 x 115,8 cm
1685-87 ca.
Berlin, Staatliche Museen, Gemäldegalerie, Kat. Nr. 1962

Uno dei rari dipinti della variegata e raffinata scuola tedesca del Seicento conservati nella Gemäldegalerie, vi pervenne nel 1925 quale dono dell'antiquario ebreo di sede monacense Louis Heinrich („Henri") Heilbronner, per l'ottantesimo compleanno di Wilhelm von Bode. L'opera venne inventariata l'anno seguente (Voss 1926, S. 40–41).

Rampollo di un assai dignitoso, ancorché formalmente asciutto pittore naturalista monacense, Ulrich Loth, Johann Carl si formò inizialmente col padre, per poi trasferirsi a Roma, di dove raggiunse diciottenne, assieme a un grande compagno di esperienze italiane, l'inizialmente rembrandtiano Willem Drost, la sua sede definitiva, unica veramente rilevante ai fini della sua costituzione linguistica: Venezia.

Le vicende del Loth interessano dunque l'intera seconda metà del diciassettesimo secolo e ridondano di veemente pittoricismo, un certo qual gigantismo formale e drammatici chiaroscuri, sulla falsariga del gusto introdotto in Laguna dal Giordano e dal genovese Giovanni Battista Langetti, figura dominante, pur nella brevissima esistenza, della corrente, che giusta il simpatizzare per il gusto ipernaturalistra, a volte macabro del Ribera, venne nominata 'tenebrista'. E' questo il settore della pittura veneta percentualmente più diffuso nelle competenze della Gemäldegalerie, sia pur in parte ancora in termini contumaci (si veda l'ammalorato *Ercole* di Pietro Negri nel saggio in catalogo). Il vasto *Diana e Atteone* di Pietro Liberi (maestro del Loth a Venezia) si offre in perfetta sintonia con questo buon dipinto del pittore bavarese, chiudendosi il cerchio sul futuro, magnanimo legato di Günter Leidner: il *Sansone e Dalila* dello Zanchi (Kat. 7).

Sotto il profilo iconografico non risulta chiaro se sia qui raffigurata la sfida di Apollo e Marsia oppure (meno probabilmente) quella tra Apollo e Pan, attesa la non necessaria compresenza nel dipinto, quali componenti della giuria, di due delle Muse a sinistra e del re Mida a destra. Latore di un giudizio sfavorevole ad Apollo e già punito con la crescita di orecchie d'asino, lo sfortunato sovrano frigio è incluso, con la sola testa, molto marginalmente (Ovidio, *Metamorfosi*, 6, 382–400: Marsia, e 11, 146–193: Pan; Ovidio, *Fasti*, VI, 703–708; Filostrato il Giovane, *Eikónes*, 2.)

Se pure la tela berlinese si sottragga al fare grandioso e alle balugini atmosferiche dei numeri indimenticabili del Loth, sul genere del magniloquente e davvero liberiano *Seneca morente* della Alte Pinakothek di Monaco di Baviera o delle opere d'ispirazione poussinista, nel genere del tardo e possente *Martirio di Sant'Eugenio* in Santa Maria del Giglio a Venezia o del *Martirio di Sant'Erasmo* in Sankt Peter a Monaco di Baviera, il ridotto numero dei partecipanti tradisce gli sguardi deposti a Roma anche sulle composizioni dei classicisti emiliani, con qualche riporto di vigore rubensiano (la così espansa figura di Marsia/Pan), come un anticipo su robusti genovesi barocchi della stoffa di Domenico Piola. La componente emiliana, specialmente tradita nel dio Apollo, il volto profilato sull'inutile artifizio di quella curiosa aureola raggiata, così memore già di un Maratta o di un Chiari, si amalgama ad accenti più riconoscibilmente lottiani – e diciamo anche veneti. Specie nei due volti di Muse (giudici della sfida) che chiudono a sinistra in alto la composizione, una delle quali riconoscibile specularmente sulla destra del *Rebecca e Eleazaro al pozzo* del De Young Memorial Museum di San Francisco (**Abb. 1**). Sul piano morfologico, il volto della Musa di destra ricorre poi, in termini spruzzati d'ironia, nella giovane descritta a sinistra nel *Lot e le figlie* (**Abb. 2**) del castello di Rožmberk (Schloss Rosenberg), a Rožmberk nad Vltavou in Boemia, circa venti chilometri a sud di Český Krumlov, mentre entrambe le Muse occupano il medesimo luogo nell' *Antonio e Cleopatra* in collezione privata milanese, esempio in generale tra i più prossimi all'*Apollo e Marsia*.

Per quanto siano diffuse nel catalogo del Loth raffigurazioni con unico protagonista, più rare sono quelle a carattere, come dire, dialogico, tra due personaggi. Il dipinto qui discusso si distacca infatti dalle altre redazioni conosciute del tema, quella mirabilmente coloristica (blu delle vesti di Apollo), già in Palazzo Contarini del Bovolo (Congregazione della Carità) a Venezia, poi in collezione Nani Donà (oggi in Palazzo Carminati: Fusari 2017, S. 165), nella quale i due astanti a destra assumono un qualche peso nell'economia compositiva, e soprattutto le altre ben più 'diluite' dei Musei Civici di Venezia (inv. 2219; Palazzo Loredan, Sala degli Orologi) e già presso Karl & Faber a Monaco di Baviera (asta 281, 4 maggio 2018, lotto 18), la seconda d'inferiore livello, eseguita da aiuti.

In una traiettoria curriculare affatto orfana di apposizione di date, anche solo basandosi sui contratti di allogagione, quali il 1677–78

della pala in Santa Giustina a Padova oppure la messa in opera nel 1681 del *San Giuseppe col Bimbo, Maria e il Padreterno in gloria* in San Silvestro a Venezia, vien fatto di allontanarsi da quel tempo e da quello stile monumentale, scultoreo, ai limiti della contraffazione del genovese romanizzato Baciccio. Eppure le esercitazioni su precedenti remoti (Michelangelo) e meno (Algardi) trasudano anche dall'*Apollo e Marsia*, specie nel nudo muscolare del satiro.
Con molta prudenza converrà forse procedere verso i medi o tardi anni Ottanta del secolo, in qualche forzato rapporto con gli immensi teleri della Cappella del Crocifisso nel Duomo di Trento (*Adorazione dei pastori*; *Resurrezione*), la cui esecuzione si tende a fissare al 1685–87 (Ewald 1965, p. 101 no. 364, tav. 61: fig. 364).
Una – certo arbitraria – indiretta ammissione di una tale ipotesi cronologica proviene da una nota del diario dell'architetto svedese Nikodemus Tessin il giovane (Tessin 1687–88, ed. O. Sirèn 1914, p. 203), risalente all'inizio del 1688, nella quale il Tessin testimonia di aver visitato lo studio del Loth a Venezia, ricordando i modelli per i già consegnati teleri trentini, frutti dell'attività di collezionista del bavarese, nonché „ein andress styck von halben figuren von Apollon undt Pan, in welchen der rücken vom Pan treflich gethan war".
Almeno il tema, se non precisamente la redazione berlinese, era dunque stato in lavorazione nel tempo forse immediatamente precedente la visita dell'architetto svedese ai primi del 1688. E il Loth – sempre stando alla testimonianza del Tessin – teneva inoltre „stettz dass nackende Model beij sich", come prova la massa muscolare dello sventurato Marsia.
L'indagine radiografica ha svelato il riuso di una tela con altra composizione, condotta verticalmente: nella parte destra del torso di Apollo affiora un volto femminile semifrontale (Stehr, in: Tacke 2020, pp. 194 con fig. 1, 196 fig. 2), con uno sbaffo sopra i capelli, tale da insinuare il sospetto che possa essere stato allusivo della mezzaluna della dea Diana.

Bibliografia:

Voss 1926, p. 40–41; Ewald 1965, p. 101 no. 364, tav 61: fig. 364; *Gesamtverzeichnis* 1996, p. 72, fig. 496; Fusari 2017, p. 165, cat. 4, tav. 5; Tacke, Stehr, Wendler, Michaelis, in: Tacke 2020, pp. 190–201.

Pasqualino Rossi
(Vicenza 1641 – 1722 Roma)

9 Polifemo e Galatea

Pittura a olio, pergamena applicata su tavola, 38,2 x 30,7 cm
1680 ca.
Berlin, Staatliche Museen, Gemäldegalerie, Kat. Nr. 1809

Pervenuto in galleria quale lascito del berlinese G.A. Freund nel 1916, il dipinto così tematicamente peregrino fu genericamente classificato quale 'Italienisch, 17. Jh.' e confinato – privo di cornice – nei depositi del museo, dai quali emerge solo adesso, non esclusivamente per la sua rara iconografia, grazie alle cure conservative di Ute Stehr.
Di aspetto veneto, specie nelle losanghe delle membra che si aggregano in termini vivamente pittoricistici, la piccola pittura eseguita su pergamena applicata su tavola, tiene anche memoria (assai retrospettiva) delle esecuzioni a carattere mitologico correnti a Roma dalla Galleria Farnese in giù, ma non sembra configurarsi come frammento di più larga composizione.
Il protagonista seduto e incurvato mentre attende al suo impegno di musicante sembra associarsi a prodotti di veneti attivi nell'Urbe nella seconda decade del Seicento, quali Carlo Saraceni e soprattutto Marcantonio Bassetti. Eppure le radici più stabili dello stile di questo *Polifemo e Galatea* andranno rabdomanticamente estratte dall'opera di uno dei maggiori generisti del medio Seicento, il vicentino Pietro Vecchia, nella cui sfera d'influenza l'opericciola trova adeguata collocazione. Restando nei domini della Gemäldegalerie berlinese, ancora una volta oltrepassando le colonne d'Ercole dei depositi, un oggetto di convincente ispirazione nel tono generale per l'autore del *Polifemo* è il *Concerto* (saggio, fig. 8) del Vecchia, meritevole un giorno di essere riabilitato, per meriti intrinseci, ma anche per dare corpo al panorama dei seicentisti veneti.
L'incrocio tra il Veneto e il Lazio, come osservatorî di degustazione passata e attuale, associati al riconoscimento di una *verve* espressiva esile, sovente aguzza nei profili delle fisionomie, ci portano a identificare l'aggraziato autore di questa mitologia nell'ugualmente vicentino di natali (come il Vecchia) Pasqualino Rossi, fecondo artista che distese la sua opera a Roma e soprattutto nelle Marche.
Se a un dipresso inconfondibile appare la coincidenza stilistica con un famoso esempio della produzione di genere del Rossi, quali la *Lezione di matematica* (**Abb. 1–2**) dello Statens Museum for Kunst di Copenhagen (inv. KMS562) o la *Scuola di musica* già presso Bellini a Firenze, la scintilla del contagio brilla definitivamente in molta parte del *cursus honorum* marchigiano di Pasqualino. Pur limitandosi alla cernita tra il molto e eccellente materiale chiesastico di Fabriano e Serra San Quirico, l'individuazione di sosia del *Polifemo* di Berlino è abbondante, ad esempio nel santo scalpellino Nicostrato della pala con *Madonna col Bambino, san Giuseppe e cinque Santi martiri* in San Benedetto a Fabriano o anche nel *San Giovanni Battista predicante* (1679), altro lemma dell'arredo del medesimo tempio fabrianese.
Il mondo figurativo al quale appartengono del resto il *Martirio di San Paolo* (?) già in collezione Richard F.W. Cartwright (UK), particolarmente le figure del protagonista e l'astante all'estrema destra.
Rimarchevole è la fortuna del Rossi presso i collezionisti. Mette conto ricordare il caso insolito dell'ambasciatore di Spagna a Roma, don Gaspar Méndez de Haro, marchese del Carpio, famoso accumulatore di tesori d'arte, tra i quali trovarono luogo, nel tempo romano di mecenate e artista, ovvero tra il 1676 e il 1683, più di quaranta opere del Rossi.
Bisogna resistere alla seduzione di interpretare quale errore iconografico da parte del compilatore dell'inventario del marchese del Carpio, il 'Mercurio e Argo' registrato sotto il numero 37: „Un quadro che rappresenta un Mercurio che suona il flauto, et Argo che dorme di mano di Pasqualino Rossi Venetiano di palmi 5. e 4. in circa con sua cornicetta tutta indorata stimato in 30" (Inventario 1682–1683, n. 37, in: Burke, Cherry 1997, I, p. 731, n. 34). E tuttavia le dimensioni coincidono quasi col dipintino berlinese, nel quale Polifemo – alla stregua del Mercurio inventariale – suona ben il flauto, con la residua difficoltà, beninteso, di riuscire a spacciare la miniaturizzata figuretta di Galatea, accomodata sul suo delfino in mezzo al mare, con quella del pastore dai mille occhi. Accettabile è peraltro, anche per confronto con le opere marchigiane, l'impulso alla datazione del *Polifemo* tra i tardi anni Settanta e i primi Ottanta del Seicento.

Bibliografia:
Gesamtverzeichnis 1986, p. 40; *Gesamtverzeichnis* 1996, p. 64, 529 fig. 2576.

LITERATURVERZEICHNIS

Boschini 1660
M. Boschini, *La Carta del Navegar Pitoresco: Dialogo Tra vn Senator venetian deletante, e vn professor de Pitura, soto nome d'Ecelenza, e de Compare; Comparti In Oto Venti…*, Venedig 1660 (Ausgabe: Venedig u.a. 1966).

Tessin 1687/88
N. Tessin, *Nicodemus Tessin d.y:s studieresor i Danmark, Tyskland, Holland, Frankrike och Italien: anteckningar, bref och ritningar* [1687/88], Ausgabe hrsg. von O. Sirén, 1914.

Österreich 1773
M. Österreich, *Description de tout l'interieur des deux Palais de Sans-Souci, de ceux de Potsdam, et de Charlottenburg: Contenant l'explication de tous les tableaux comme aussi des antiquités et d'autres choses precieuses et remarquables*, Potsdam 1773.

Waagen 1830
G.F. Waagen, *Verzeichniss der Gemälde-Sammlung des Königlichen Museums zu Berlin*, Berlin 1830.

Waagen 1857
G.F. Waagen, *Verzeichniss der Gemälde-Sammlung*, 13. Aufl., Berlin 1857.

***Beschreibendes Verzeichniss* 1883**
Königliche Museen zu Berlin. Beschreibendes Verzeichniss der Gemälde, 2. Aufl., hrsg. von J. Meyer, L. Scheibler, W. Bode, Berlin 1883.

***Vorratsverzeichnis* 1886**
Verzeichnis der im Vorrat der Galerie befindlichen, sowie der an andere Museen abgegebenen Gemälde. Anhang zum Beschr. Verz. der Gemälde von 1883, hrsg. von H. von Tschudi, W. Bode, J. Meyer, Berlin 1886.

***Kunstdenkmäler der Provinz Brandenburg* 1907**
Die Kunstdenkmäler der Provinz Brandenburg, herausgegeben vom Brandenburgischen Provinzialverband – Band 1, Heft 2, Ostprignitz, Berlin 1907.

Florenz 1911a
Mostra del ritratto italiano dalla fine del sec. XVI all'anno 1861, Ausst.-Kat., Florenz 1911.

Florenz 1911b
Mostra del Ritratto Italiano: Fotografie dei Fratelli Alinari, Florenz 1911.

Galerie Helbing 1917
Gemälde-Sammlung Domenico Bossi (1767–1853): italienische Meister des 16. – 18. Jahrhunderts, Versteigerung in München in der Galerie Helbing, Samstag, den 29. September 1917, hrsg. von Hugo Helbing, München 1917.

***Beschreibendes Verzeichnis* 1921**
Staatl. Museen zu Berlin. Beschreibendes Verzeichnis der Gemälde im Kaiser-Friedrich-Museum, 8. Auflage, bearb. von W. Mannowsky, Berlin-Leipzig 1921.

Nicodemi 1922
G. Nicodemi, *Pittori lombardi del Sei e Settecento italiano*, Rom 1922.

Voss 1926
H. Voss, *Die zum 80. Geburtstage W. v. Bodes geschenkten Bilder und Skulpturen I*, in: „Berliner Museen I., Berichte aus den preussischen Kunstsammlungen", XLVII, 1926, S. 38–41.

***Beschreibendes Verzeichnis* 1931**
Staatl. Museen zu Berlin. Beschreibendes Verzeichnis der Gemälde im Kaiser-Friedrich-Museum und Deutschen Museum, 9. Auflage, bearb. von I. Kunze, Berlin 1931.

Glück 1931
G. Glück, *Van Dyck: des Meisters Gemälde in 571 Abbildungen* („Klassiker der Kunst in Gesamtausgaben"), 2., völlig neubearb. Aufl., Stuttgart (u.a.) 1931.

Tietze 1936
H. Tietze, *Die öffentlichen Gemäldesammlungen in Kanada*, in: „Pantheon", XVII, 1936, S. 180–185.

Testori 1952
G. Testori, *Su Francesco del Cairo*, in: „Paragone", 27, 1952, S. 24–32.

Testori 1955
G. Testori, *Mostra del Manierismo piemontese e lombardo del Seicento. Sessanta opere di Moncalvo, Cerano, Morazzone, Procaccini, Tanzio, D. Crespi, Nuvolone, Del Cairo*, catalogo (Turin, Palazzo Madama, 6.5.–26.6.1955 – Ivrea, Centro Culturale Olivetti, 1.–15.7. 1955), Turin 1955.

Ewald 1965
G. Ewald, *Johann Carl Loth 1632–1698*, Amsterdam 1965.

Riccoboni 1966
A. Riccoboni, *Antonio Zanchi e la pittura veneziana del Seicento*, in: „Saggi e Memorie di Storia dell'Arte", Nr. 5, 1966, S. 53–134.

Fredericksen, Zeri 1972
B. B. Fredericksen, F. Zeri, *Census of pre-nineteenth-century Italian paintings in North American public collections*, Cambridge, Mass., Harvard University, 1972.

Geismeier 1976
I. Geismeier, *Holländische und flämische Gemälde des siebzehnten Jahrhunderts im Bode-Museum*, Berlin 1976.

Mauritshuis 1977
Mauritshuis The Royal Cabinet of Paintings. Illustrated General Catalogue, Den Haag 1977.

Larsen 1980
E. Larsen, *L'opera completa di Van Dyck*, Bd. 1: 1613–1626, Mailand 1980.

Varese 1983
Francesco Cairo 1607–1665, Ausstellungskatalog (Varese, Musei Civici, 1. Oktober – 31. Dezember 1983), Mailand 1983.

Bona Castellotti 1985
M. Bona Castellotti, *La pittura lombarda del '600*, Mailand 1985.

The Royal Picture Gallery Mauritshuis 1985
Art Treasures of Holland. The Royal Picture Gallery Mauritshuis, hrsg. von H.R. Hoetink, Amsterdam – New York 1985.

***Gesamtverzeichnis* 1986**
Gemäldegalerie Berlin. Gesamtverzeichnis der Gemälde / Complete Catalogue of the Paintings, hrsg. von H. Bock et alia, London 1986.

Pasini 1986
P. Pasini, *Guido Cagnacci pittore (1601–1663). Catalogo generale*, Rimini 1986.

Laskin, Pantazzi 1987
M. Laskin Jr., M. Pantazzi, *Catalogue of the National Gallery of Canada. European and American Painting, Sculpture, and Decorative Arts, Volume I/ 1300–1800/1. Text/ 2. Plates*, National Gallery of Canada / National Museums of Canada, Ottawa, 1987.

Zampetti 1987
P. Zampetti, *Antonio Zanchi* (unter Mitarbeit von I. Chiappini di Sorio, A. Mazza, F. Noris, M. Olivari), in: *I pittori bergamaschi dal XIII al XIX secolo. Il Seicento, IV*, Bergamo 1987, S. 391–707.

Larsen 1988
E. Larsen, *The Paintings of Anthony van Dyck*, 2 Bde., Freren 1988.

Michaelis 1995
R. Michaelis, *Staatliche Museen zu Berlin Preußischer Kulturbesitz – Dokumentation der Verluste, Band I, Gemäldegalerie*, Berlin 1995.

***Gesamtverzeichnis* 1996**
Gemäldegalerie Berlin. Gesamtverzeichnis/ Staatliche Museen zu Berlin – Preußischer Kulturbesitz, hrsg. von H. Bock et alia, Berlin 1996.

Neilson 1996
N.W. Neilson, *Daniele Crespi 1590–1630*, Soncino 1996.

Burke, Cherry 1997
M.B. Burke, P. Cherry, *Spanish Inventories 1 – Collections of Paintings in Madrid 1601-1755 Part 1*, 2. Bände, The J. Paul Getty Trust, 1997.

Frangi 1998
F. Frangi, *Francesco Cairo*, Turin 1998.

Rosci 2000
M. Rosci, *Il Cerano*, Mailand 2000.

Spiriti 2000
A. Spiriti, *Gherardini, Melchiorre, detto il Ceranino*, in: *Dizionario Biografico degli Italiani*, Vol. 53, Rom 2000.

Benati 2001
D. Benati, *Alessandro Tiarini. L'opera completa e i disegni*, con la collaborazione di B. Ghelfi, 2 Bde, Mailand / Reggio Emilia 2001.

Cellini 2004
M. Cellini, *Storie barocche da Guercino a Serra e Savolini nella Romagna del Seicento*, Ausst.-Kat. (Cesena, Biblioteca Malatestiana, 28.2. – 27.6.2004), Bologna 2004.

Contini 2005
R. Contini, *Cerano nel mondo tedesco*, in: *Il Cerano. Protagonista del Seicento lombardo 1573–1632,* Ausst.-Kat. (Mailand, Palazzo Reale, 24.2. – 5.6.2005), hrsg. von M. Rosci, Mailand 2005, S. 75–80.

Fossaluzza 2010
G. Fossaluzza, *Annotazioni e aggiunte al catalogo di Pietro Negri, pittore «del chiaro giorno alquanto nemico» – prima parte*, in: «Verona Illustrata», 23, 2010, S. 71 ff.

Contini 2011
R. Contini, *Una voce dell'*internazionale *Van Dyck*, in: *Dal Razionalismo al Rinascimento per i quaranta anni di studi di Silvia Danesi Squarzina*, hrsg. von M.G. Aurigemma, Rom 2011, S. 352–355.

Ludiková, Buran 2013
Z. Ludiková, D. Buran, *Talianska mal'ba*, Bratislava, Slovenská Národná Galería, 2013.

Fusari 2017
G. Fusari, *Johann Carl Loth (1632–1698)*, Soncino 2017.

Raub 2020
A. Raub, *Museumsbilder auf Altären. Gemälde und Retabel der Berliner Museen in preußischen Kirchen (1829–1940),* „Jahrbuch der Berliner Museen", Bd. 60, 2018/19, Beiheft, Berlin 2020.

Tacke 2020
A. Tacke, *Die Deutschen Gemälde des 17. Jahrhunderts. Kritischer Bestandskatalog. Gemäldegalerie Staatliche Museen zu Berlin*, bearbeitet unter Mitwirkung von R. Michaelis, mit technologischen Befunden von U. Stehr, S. Stelzig und kostümkundlichen Beiträgen von C. Wildenschlager, Petersberg 2020.

Fossombrone 2021
Giuseppe Diamantini 1623-1705 pittore e incisore dalle Marche a Venezia, Ausst.-Kat., hrsg. von A.M. Ambrosini Massari, M. Cellini, M. Luzi (Fossombrone, Kirche San Filippo und Pinacoteca Civica, 31.7. – 17.10.2021), Ancona 2021.

Pulini 2021
M. Pulini, *Tre artisti nella Cesena del Seicento. Razzani Serra Savolini*, Mailand 2021.

Frankfurt am Main 2022/23
Guido Reni der Göttliche, Ausst.-Kat., hrsg. von B. Eclercy (Städel Museum, Frankfurt am Main, 23.11.2022 / 05.3.2023), Berlin 2022.